CONVERSATIONAL
SPANISH DIALOGUES

Over 100 Spanish Conversations and Short Stories

Conversational Spanish Dual Language Books Vol.1

Lingo Mastery

www.LingoMastery.com

.

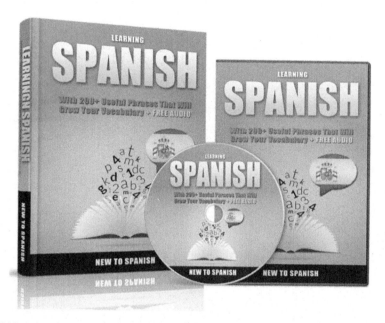

CONTENTS

INTRODUCTION

So you want to learn Spanish, beloved reader? Excellent — if you've purchased this book then you're already well on your way to doing so. Spanish, also called *Castilian,* is a beautiful tongue spoken by over 570 million people across the world; it is a language that has spread across every continent and which opens the doors to entire worlds once you learn to speak it.

Since we are born, our life is constantly about picking up small and large things and learning to identify what works for us and what doesn't; knowing what we can improve with and what makes us worse; and finally, studying where we made the wrong choices and learning lessons from them.

Learning a language is no different.

Some students choose — or are provided with — the wrong means of study, with professors giving them boring textbooks full of rules they'll never learn or need in a real-world situation; while others may overwhelm them with reading material that only serves to make them feel uncomfortable

and doubtful of their own skills and level as a Spanish learner.

Our goal with this book is to allow you, the reader, to encounter useful, entertaining conversations that adapt very well into dozens of real-life situations that you can and certainly *will* encounter in the Spanish-speaking world, giving you a chance to fend for yourself when you come across them!

Vocabulary is crucial to learning *any* new language, and the conversations in this book will *guarantee* you pick up plenty of it and watch how it is applied to real life.

What this book is about and how it works:

This book will ensure you practice your conversational skills in Spanish through the use of **over 100 examples of conversations,** written in both Spanish *and* English to allow

1

you to fully understand what's going on in each and every one of them.

Each new chapter is an entirely new, fresh conversation between two people of an everyday situation you may tackle sooner or later. You'll be able to observe how to handle yourself when it comes to booking a room at a hotel, asking for directions on the street, meeting an old classmate by chance and ordering food at a restaurant, among many others.

If you want to ensure proper understanding of the story, we recommend you read the story in both languages and follow the narrative in a way that gives you the chance to cross-reference what's going on in Spanish by checking out the story in clear, concise English.

So, now you know what it is the book will provide you...what are the best ways to use it?

Tips and recommendations for readers of *Conversational Spanish Dialogues:*

This book is certainly easy to pick up and use as many times as you need to, but there are effective ways of applying it to your learning that will get the most out of it. Remember, being effective will not only increase the amount you learn, but also decrease the time you need to spend on doing so!

So what should you do to improve your learning with *Conversational Spanish Dialogues?* Well, you can always:

1. Roleplay these conversations, whether it's alone or with a friend — Pretending to actually call a taxi with a friend may actually do much more for your knowledge of Spanish than any lesson will. This book provides you with plenty of material so go ahead and act! Your pronunciation, fluency and confidence will all benefit from it!

2. Look up the words you don't understand — there will always be vocabulary and specific terms you may not get and which aren't translated exactly word-for-word (for our purposes of making the conversation realistic in both languages), so you may need a dictionary. Don't feel

upset or ashamed of jotting down those words you don't understand for a quick search on the internet later on!

3. Make your own conversations! — Once you're done with this book, pick any conversation from the *hundred and five* examples you have and adapt it to your own version. Why not make it so that the receptionist of the hotel *didn't* have rooms? Or maybe the friends meeting each other *weren't* so friendly, eh? Find something you like and create something new!

4. Don't be afraid to look for more conversations once you've finished reading and practicing with this book — Only through practice can you reach perfection, or at least as close as you can get to it!

Now go ahead and show the world you can handle anything! Work hard and keep it up, and before long you'll breeze past any Spanish lesson.

Good luck, Reader!

1

LLAMANDO A UN TAXI
–
CALLING A TAXI

Alice: ¡Taxi!

Adam: Hola, buenos días señorita, ¿hacia dónde se dirige usted?

Alice: Nueva York, por favor. Tengo dos preguntas: ¿Cuánto cuesta el traslado? y ¿en cuánto tiempo estaremos allá?

Adam: El traslado cuesta sesenta y cinco dólares, y el tiempo aproximado dependiendo del tráfico es de treinta minutos.

Alice: Esta bien, póngase en marcha por favor.

Adam: Seguro. ¿Viene usted por negocios o vacaciones?

Alice: Por negocios.

Adam: Ah… muy bien, y ¿de dónde es usted?

Alice: Yo soy de Inglaterra.

Adam: ¿Inglaterra? Vaya… ¿de qué parte de Inglaterra?

Alice: Winchester. ¿Conoce usted Winchester?

Adam: No, yo estuve en Norfolk cuando yo tenía cinco años. Bonito país.

Alice: Gracias.

Adam: Bueno, aquí estamos. Ya hemos llegado.

Alice: Gracias. Quédese con el cambio.

Adam: Gracias, que tenga un feliz día.

CALLING A TAXI

Alice: Taxi!

Adam: Good day ma'am, where would you like to go?

Alice: I would like to go to New York, please. I have two questions: How much does it cost and how soon will we get there?

Adam: The trip costs sixty-five dollars, and the estimated time of arrival is thirty minutes.

Alice: Very well. Let's go now, please.

Adam: Sure. Are you coming for business or holidays?

Alice: Business.

Adam: Oh… Very good and where are you from?

Alice: I am from England.

Adam: England? Wow… what part of England?

Alice: Winchester. Do you know Winchester?

Adam: No, I went to Norfolk when I was five years old. England is a pretty country.

Alice: Thank you.

Adam: Well, here we are. We've arrived.

Alice: Thank you. Keep the change.

Adam: Thanks. Have a nice day.

2

PIDIENDO UNA CITA DE TRABAJO

-

REQUESTING A WORK APPOINTMENT

Amanda: Buenos días, ¿en qué puedo ayudarlo?

Alex: Hola, yo estoy aquí porque vi un anuncio de que están solicitando personal y me interesa aplicar por el trabajo.

Amanda: Muy bien, un momento por favor, ¿me puede indicar su nombre y apellido?

Alex: Alex Gonzales.

Amanda: ¿Puede usted deletrearlo por favor?

Alex: Seguro, es A-L-E-X G-O-N-Z-A-L-E-S.

Amanda: Muy bien, gracias. Y ¿cuál es su número de teléfono?

Alex: Mi número de teléfono es 0901123456789.

Amanda: ¿Puede repetirlo por favor?

Alex: Es, 0-9-0-1-1-2-3-4-5-6-7-8-9.

Amanda: Y por último, indíqueme su dirección por favor.

Alex: Urbanización Las Aves, calle San Juan, Casa No 1.

Amanda: Muchas gracias, lo estaremos llamando para concretar la hora y la fecha de su entrevista, que pase un buen día.

Alex: Muchas gracias, que usted también tenga un buen día.

REQUESTING A WORK APPOINTMENT

Amanda: Good day, how can I help you?

Alex: Hello, I am here because I saw an ad that said you are looking for new staff, and I am very interested in applying for the job.

Amanda: Very well, one moment please, could you tell me your full name?

Alex: Alex Gonzales.

Amanda: Could you spell it, please?

Alex: It's A-L-E-X G-O-N-Z-A-L-E-S.

Amanda: Very well, thank you. What is your phone number?

Alex: My phone number is 0901123456789.

Amanda: Could you repeat that, please?

Alex: Sure, it's 0-9-0-1-1-2-3-4-5-6-7-8-9.

Amanda: Lastly, please tell me your home address.

Alex: Las Aves Residential Estate, San Juan Street, House No. 1.

Amanda: Thank you very much. We will be calling you to agree on an appointment date. Have a nice day.

Alex: Thank you very much, you too.

3

DE COMPRAS

\-

SHOPPING

Andry: Buenos días, ¿en qué puedo ayudarla?

Amy: Hola, estoy buscando prendas de ropa para mi hijo.

Andry: ¿Qué prendas de ropa está usted interesada en encontrar?

Amy: Yo quiero encontrar algunos pantalones, camisas y franelas.

Andry: Muy bien, sígame por favor. Aquí tiene una gran variedad de prendas de lo que usted quiere. Espero sea de su agrado.

Amy: ¿Tiene otros colores? ¿Negro, azul marino, o azul claro?

Andry: Si, un minuto por favor. Aquí están los colores que tenemos disponibles, incluyendo los que ha mencionado.

Amy: Oh… que bien, aunque las tallas son grandes, ¿no tiene tallas más pequeñas?

Andry: No. Lo siento, esas son las que tenemos.

Amy: Muy bien, no hay problema, gracias de todos modos.

Andry: Cuídese mucho y que pase un buen día.

SHOPPING

Andry: Good day, how can I help you?

Amy: Hello, I am looking for clothing for my child.

Andry: What kind of clothes are you interested in?

Amy: I want to find some pants, shirts and t-shirts.

Andry: Very well, please follow me. Here we have a great variety of the clothing you're looking for. I hope you like it.

Amy: Do you have other colors? Black, navy or sky blue?

Andry: Yes, give me a minute please. Here are the available colors including the ones you have mentioned.

Amy: Oh... very good, although these sizes are big. Do you have smaller sizes?

Andry: No. I apologize, but these are the only ones available.

Amy: Very well, that isn't a problem, thanks anyways.

Andry: Take care and have a nice day.

4

ESTUDIANTE DE INTERCAMBIO
–
EXCHANGE STUDENT

Andy: Buenas tardes, disculpe, es usted la señorita Amy López?

Amy: Si soy yo, ¿qué necesita usted?

Andy: Yo soy Andy Pérez, soy el estudiante de intercambio que viene de Estados Unidos, de California.

Amy: ¡Mucho gusto! ¿Cómo está usted? Yo soy la directora Amy López.

Andy: El gusto es mío, Señorita Lopez. Yo estoy muy bien, espero usted también se encuentre bien.

Amy: ¿Te costó mucho llegar hasta aquí? China es muy grande.

Andy: Me costó un poco en cuanto a la dirección, ya que unas personas me decían una cosa, mientras que otras me decían algo diferente. En fin, como no estoy tan acostumbrado a su idioma aún, me tardé mucho en llegar.

Amy: No se preocupe, lo importante es que ya está usted aquí.

Andy: Si, así es. Cuénteme un poco del funcionamiento del lugar y lo que debo hacer para empezar a estudiar tan pronto como sea posible.

EXCHANGE STUDENT

Andy: Good afternoon. Excuse me, are you Ms. Amy Lopez?

Amy: Yes, it's me. What do you need?

Andy: I'm Andy Perez, the Exchange student from California, United States.

Amy: Nice to meet you! How are you? I am Principal Amy Lopez.

Andy: A pleasure to meet you, Ms. Lopez. I am very good and I hope you are good as well.

Amy: Was it hard for you to find this place? China is very big.

Andy: It was a bit hard in regards to this place's address, because some people gave me one set of directions and others gave me another. In a nutshell, it took me quite a lot of effort to find the place because I am not used to the language.

Amy: Don't worry; the important thing is that you are here.

Andy: Yes, indeed. Tell me a bit about how this place works and what I have to do to begin studying as soon as possible.

5

PRIMER DÍA DE CLASES
-
FIRST DAY OF CLASS

Anthony: ¿Eres nueva aquí?

Andrea: Si, este es mi primer día. Mi nombre es Andrea.

Anthony: Mucho gusto en conocerte, Andrea.

Andrea: ¿Y qué sobre ti? ¿Tú también eres nuevo aquí? ¿Cuál es tu nombre?

Anthony: Sí, soy nuevo aquí también al igual que tú. Mi nombre es Anthony.

Andrea: Bonito nombre, Anthony. Mucho gusto en conocerte también.

Anthony: ¿Sabes algo de los cursos que tomaremos? Aunque no estoy seguro si tomaremos los mismos.

Andrea: Mmm… Bueno, yo voy a tomar la clase de español en el aula número uno e inglés en la número dos, con la sección 001.

Anthony: ¡Genial! ¡Estaremos juntos en los cursos ya que yo tengo los mismos en la misma sección!

Andrea: ¡Genial! Bueno vamos a ir de una vez porque ya empezó la primera clase.

FIRST DAY OF CLASS

Anthony: Are you new here?

Andrea: Yes, today is my first day. My name is Andrea.

Anthony: Nice to meet you Andrea.

Andrea: How about you? Are you also new here? What is your name?

Anthony: Yes, I am new here as well. My name is Anthony.

Andrea: Cute name, Anthony. It is also a pleasure to meet you.

Anthony: Do you know anything about the subjects that we are taking? Although I'm not sure if we'll be taking the same subjects.

Andrea: Mmm... Well, I am going to take the Spanish class in classroom one and the English class in classroom number two with section 001.

Anthony: Great! We'll be together in the subjects since I have them in the same section as you!

Andrea: Great! Okay, let's get going already because the first class has already started.

6

¡ESTE NO ES MI FORMULARIO!
-
THIS ISN'T MY APPLICATION FORM!

Andrea: Buenos días, bienvenido a nuestra agencia de empleos donde contratamos pilotos y aeromozas. ¿Comenzamos?

Tony: Me gustaría, pero tengo un problema. Este no es el formulario que yo llené para la entrevista.

Andrea: ¿De verdad? Que contratiempo. Bueno permítame chequear esto rápidamente y así buscar un nuevo formulario para sus datos personales, ¿está usted de acuerdo? Esto nunca había pasado.

Tony: Sí, está bien, no hay problema.

Andrea: Ok, aquí tengo el formulario, pero antes de realizar el llenado correspondiente de nuevo, me gustaría saber si usted conoce muy bien las actividades que se realizan y la responsabilidad de pilotar un avión.

Tony: Sí, sé lo que debo hacer dentro de la empresa.

Andrea: Muy bien, es importante que nuestros trabajadores sepan desempeñar bien su trabajo.

Tony: Así es, ya que más allá de pilotar un avión, estamos trasladando seres humanos.

Andrea: Así es, bueno este es el formulario, rellénelo y proceda a la entrevista.

Tony: Muchas gracias por esta oportunidad. Haré todo lo posible para desempeñar con éxito mi cargo de ahora en adelante.

THIS IS NOT MY APPLICATION FORM!

Andrea: Good day. Welcome to our employment agency where we hire pilots and flight attendants. Shall we begin?

Tony: I would like to, but I have a problem. This is not the application form that I filled for the interview.

Andrea: Really? What a mishap. Well, allow me to check this out quickly so I can provide you with a new application form for your personal information, right? This has never happened before.

Tony: Yes it's okay, no problem.

Andrea: Ok, here I have the application form, but before you proceed to fill the relevant information, I would like to know if you understand the activities that you have to perform and your responsibilities of flying a plane.

Tony: Yes, I know my duties within the company.

Andrea: Very well, it is important that our workers know how to execute their work well enough.

Tony: That is right, because beyond just piloting a plane we are transporting human beings.

Andrea: Indeed. Well, here is the application form; fill it and you can proceed to the interview.

Tony: Thank you very much for this opportunity. I will do everything I can to perform successfully from now on.

7

¿DÓNDE ESTÁN MIS MALETAS?

—

WHERE ARE MY SUITCASES?

Ben: ¡Buenos días! Aerolínea de vuelo AL DIA, ¿en qué puedo ayudarle?

Anna: Si, por favor, estas no son mis maletas, ¿Dónde están mis maletas? ¡Estoy muy molesta!

Ben: Está bien, ¿puede indicarme cuál es su nombre?

Anna: Mi nombre es Anna Winter.

Ben: ¿De qué color son las maletas?

Anna: Una de mis maletas es de color gris y la otra es azul.

Ben: ¿Está su nombre en las maletas?

Anna: Sí, las dos tienen mi nombre. No sé cómo se pueden haber perdido.

Ben: Lo más probable es que se hayan perdido en el mostrador pero con el código de registro encontraremos sus maletas y luego la llamaré. ¿Puede usted describir el contenido de sus maletas?

Anna: Una de ellas tiene zapatos de vestir, y sólo trajes formales negros y blancos. La otra maleta tiene solo faldas rosadas, zapatos deportivos y blusas azules y blancas porque es probable que haga deporte.

Ben: Está bien, tan pronto como encontremos su maleta la llamaremos.

WHERE ARE MY SUITCASES?

Ben: Good day, AL DIA Airlines, how can I help you?

Anna: Yes, these are not my suitcases. Where are my suitcases? I am very upset!

Ben: Very well, can you tell me your name?

Anna: My name is Anna Winter.

Ben: What color are your suitcases?

Anna: One of my suitcases is gray and the other is blue.

Ben: Is your name written on the suitcases?

Anna: Yes, both of them have my name. I don't know how they got lost.

Ben: They were most likely lost on the counter, but we will find them using the registration code and I will call you back. Can you describe the contents of your suitcases?

Anna: One of them contains dressing shoes and formal black and white dresses. The other suitcase only has pink skirts, tennis shoes and blue and white blouses because I am probably going to exercise.

Ben: Alright, we will call you back as soon as we find your suitcases.

8

¡HAN CAMBIADO MIS MALETAS!

-

MY SUITCASES HAVE BEEN SWAPPED!

Anna: Uh-oh!

Charles: ¿Qué pasa Anna?

Anna: ¡Mira esta falda!

Charles: Es corta y rosada, ¿es nueva?

Anna: No Charles, no es nueva, ¡esta no es mi falda! ¡Esta no es mi maleta! Oh-no!

Charles: Aquí está el nombre de la persona a quien pertenece la maleta, Nataly Sánchez.

Anna: ¡Esta es la falda de Nataly Sánchez! ¿Dónde está mi ropa entonces?

Charles: Aquí hay una chaqueta.

Anna: Pero esta no es mi chaqueta, ¿Dónde está mi chaqueta? Este tampoco es mi Sweater, ¿Dónde está mi sweater?

Charles: No sé. Mira esos zapatos.

Anna: ¡Esos no son mis zapatos italianos! ¡No están aquí!

Charles: Nosotros tenemos una reunión mañana y no tenemos nuestra ropa. Llamemos a la aerolínea y que nos digan qué pasó.

MY SUITCASES HAVE BEEN SWAPPED!

Anna: Uh-oh!

Charles: What happened, Anna?

Anna: Look at this skirt!

Charles: It is pink and short, is it new?

Anna: No Charles, it isn't, this isn't my skirt! This is not my suitcase! Oh no!

Charles: Here is the name of the person who owns this suitcase, Nataly Sánchez.

Anna: This is Nataly Sanchez' skirt! Where are my clothes, then?

Charles: Here is a jacket.

Anna: But this isn't my jacket, where is my jacket? This sweater isn't mine either, where is my sweater?

Charles: I don't know. Look at these shoes.

Anna: These are not my Italian shoes! They are not here!

Charles: We have a meeting tomorrow and we don't have our clothes. Let's call the airline so they can tell us what happened.

9

PEDIDO INTERNACIONAL
-
INTERNATIONAL ORDER

Christopher: Buenos días, señorita Lorena, ¡cuánto tiempo! ¿En qué puedo ayudarla?

Lorena: Buenos días Christopher espero estés bien, no te había llamado por que estaba muy ocupada con la tienda, y con respecto a la ropa que me enviaste, a todo el mundo les encantó, y te llamo para hacerte otro pedido.

Christopher: Está bien, permítame tomar su orden.

Lorena: Quiero cien docenas de pantalones, chaquetas, faldas, blusas, camisas y franelas, de los colores y las tallas que he pedido anteriormente. ¿Lo tendrás todo?

Christopher: Voy a verificar en sistema, aguarde un momento.

Lorena: Ah, y lo olvidaba… me dices allí mismo en la factura el costo como siempre.

Christopher: Ok, sí tenemos todo lo que desea, señorita Lorena.

Lorena: Y, ¿en cuánto tiempo llegará el pedido de Colombia a Venezuela?

Christopher: Depende del cliente. Si quiere que llegue por avión, puede ser en cuestión de un dia o por transporte terrestre, dos o tres días, dependiendo de la empresa de envíos. Es importante que le recuerde que el envío ya es costeado por el cliente.

Lorena: Ok no te preocupes, envíalo por avión que lo necesito con urgencia. Cuídate mucho por allá.

INTERNATIONAL ORDER

Christopher: Good day Miss Lorena, it has been a while! What can I do for you?

Lorena: Good day Christopher, I hope you are doing well. I had not called you earlier because I was very busy with the shop, and about the clothes you sent me last time, everybody loved them, so I'm calling you to make another purchase.

Christopher: Very well, allow me to take your order.

Lorena: I want a hundred dozens of pants, jackets, skirts, blouses, shirts and t-shirts in the colors and sizes that I requested before. Is everything available?

Christopher: I am going to verify it in the system, hold on a minute.

Lorena: Oh, I almost forgot… indicate the total cost on the bill as always.

Christopher: Okay we have everything you have requested, Miss Lorena.

Lorena: And how long is it going to take to come from Colombia to Venezuela?

Christopher: It depends on the client. If you want it to be sent by plane it will take about a day or two or three days via ground transport, depending on the delivery company. It is important to remind you that the shipping cost is paid by the client.

Lorena: Okay don't worry, send it by plane because I need it urgently. Take care over there.

10

EN LA FIESTA
-
AT THE PARTY

Danny: Hey, ¡buena fiesta! ¿Eres tú Diana?

Diana: Sí, soy yo.

Danny: Yo soy Danny. Mucho gusto en conocerte.

Diana: Mucho gusto en conocerte también. Ellos son mis amigos. Esta es Donna, ella es una dentista.

Danny: Una dentista. Umm, genial. Y ¿quién es ella?

Diana: Esa es Ashley.

Danny: Asley?

Diana: No, Ashley. A-s-h-l-e-y.

Danny: ¡Ajá! ¡Ashley! ¿Qué hace ella?

Diana: Ella es arquitecta. Y ese chico que está con ella es Thomas. Él es un científico.

Danny: Y ¿quién es ése?

Diana: Él es Douglas; él es un actor.

Danny: Bien, y ¿esa mujer? ¿Quién es esa?

Diana: Esa es Cristina. Ella es recepcionista. ¿Y tú que haces Danny?

Danny: Yo soy doctor, y tú ¿qué haces Diana?

Diana: Yo soy una ingeniera.

Danny: Genial, me gusta esa profesión, aunque soy terrible con los números. Por eso escogí medicina.

Diana: ¿Si? Yo soy incapaz de ver sangre sin desmayarme.

Danny: ¿En serio? Es cuestión de acostumbrarse. Estoy seguro que te iría mejor de lo que crees.

Diana: Me quedo con los números, gracias. Oh bueno, espero que disfrutes la fiesta.

AT THE PARTY

Danny: Hey, nice party! Are you Diana?

Diana: Yes, it's me.

Danny: I'm Danny. Nice to meet you.

Diana: Nice to meet you too. These are my friends. She is Donna, she's a dentist.

Danny: A dentist. Hmm, great. And who is she?

Diana: She's Ashley.

Danny: Asley?

Diana: No; Ashley. A-s-h-l-e-y.

Danny: Aha! Ashley! And what does she do?

Diana: She is an architect, and the boy who is with her is Thomas. He is a scientist.

Danny: And who is he?

Diana: He's Douglas; he's an actor.

Danny: Okay, and that lady? Who is she?

Diana: That's Cristina. She is a receptionist. And what do you do, Danny?

Danny: I'm a doctor, and what do you do, Diana?

Diana: I'm an engineer.

Danny: Great, I like that profession, although I am terrible with numbers. That's why I chose medicine.

Diana: Yes? I am unable to see blood without fainting.

Danny: Really? It is just a matter of getting used to it. I am sure you will do better than you think.

Diana: I'll stick to numbers, thank you. Oh well, I hope you enjoy the party.

LA ENCUESTA

-

THE SURVEY

Dan: Buenos dias, me llamo Dan. Disculpe, estoy haciendo una pequeña encuesta sobre problemas en el trabajo. ¿Tiene usted tiempo de responder unas pocas preguntas?

Carol: No, no tengo tiempo, lo siento. Estoy algo apurada.

Dan: Pero solo serán tres preguntas. ¿Puede usted? Sólo le tomara un minuto.

Carol: Esta bien, pero que sea rápido. ¿Cuáles son las preguntas?

Dan: La primera pregunta es, ¿qué cargo desempeña usted en esta empresa?

Carol: Yo soy directora de finanzas.

Dan: Y, ¿cuál es el nombre de la empresa?

Carol: Se llama PyG Asociados.

Dan: ¿Le gusta su trabajo?

Carol: Si, lo disfruto mucho. Ahora si me disculpa, necesito irme.

Dan: Solo un momento, ¿podría colocar su nombre y firma en esta forma?

Carol: Ya estoy retrasada, pero está bien, permítame el papel.

Dan: Perfecto, muchas gracias por su tiempo, que tenga un gran día.

Carol: Igualmente a ti.

THE SURVEY

Dan: Good morning, my name is Dan. Excuse me; I am doing a short survey about work-related issues. Do you have some time to answer a few questions?

Carol: No, I don't have time. I am in a hurry.

Dan: But it will only be 3 questions, can you at least answer them? It will only take a minute.

Carol: Very well, but please be quick. What are the questions?

Dan: The first question is what position do you hold in this company?

Carol: I am the finance manager.

Dan: And what is the name of the company?

Carol: It's called "PyG Asociados".

Dan: Do you like your job?

Carol: Yes, I enjoy it a lot. Now, if you excuse me, I need to leave.

Dan: Just a moment, could you put your name and signature on this form?

Carol: I am already behind the clock but very well, hand me the paper.

Dan: Perfect, thank you very much for your time, have a great day.

Carol: Same to you.

12

EN EL RESTAURANTE
-
AT THE RESTAURANT

David: Buenas noches señorita, ¿como está? Aquí tiene el menú. ¿Qué platillo le gustaría pedir?

Charlotte: Mmm… Me gustaría comer rissoto con asado negro, y vegetales al vapor por favor.

David: Muy bien señorita, ¿para beber?

Charlotte: Un batido de fresas.

David: ¿Y de postre?

Charlotte: Una rebanada de pastel. ¿De qué sabores tiene?

David: Manzana y Tres Leches.

Charlotte: Una pieza de manzana por favor.

David: ¿Y como aperitivo?

Charlotte: Mmm… estoy bien con eso, gracias.

David: Está bien ya tengo su orden, en unos minutos tendrá lo que ordeno.

Charlotte: Muy bien.

David: Aquí está el batido, ya le traigo lo demás.

David: Aquí está su orden. ¿Cancelará en efectivo o con tarjeta?

Charlotte: Tarjeta por favor.

David: Bien ya está todo listo, que disfrute su comida y que tenga una linda noche.

Charlotte: Muchas gracias.

AT THE RESTAURANT

David: Good evening ma'am, how are you? Here is the menu. What dish would you like to request?

Charlotte: Mmm... I would like to eat rissoto with black roast and steamed vegetables, please.

David: Very well ma'am, what about the beverage?

Charlotte: A strawberry smoothie.

David: And dessert?

Charlotte: A piece of pie. What flavors do you have?

David: Apple and tres leches.

Charlotte: A piece of the apple one, please.

David: And an appetizer?

Charlotte: Mmm... I am okay with that, thanks.

David: Alright I got your order; you will receive your dish in a few minutes.

Charlotte: Very well.

David: Here is the smoothie; I will bring the rest soon.

David: Here is your order. Will you pay in paper or plastic?

Charlotte: Plastic please.

David: Okay everything is ready, enjoy your meal and have a nice night.

Charlotte: Thank you very much.

13

RESERVANDO EN UN HOTEL
-
BOOKING AT A HOTEL

Dave: Buenas tardes, ¿en qué puedo ayudarla?

Charlotte: ¿Tendrá usted habitaciones disponibles a partir de la semana que viene? Queremos viajar a su ciudad y necesitamos hacer una reservación.

Dave: Permítame revisar primero la disponibilidad y ya le informo. Si, nosotros tendremos habitaciones disponibles durante esa fecha. ¿Quiere usted hacer una reservación en este momento?

Charlotte: Sí quiero.

Dave: ¿A nombre de quién será la reservación?

Charlotte: Charlotte Tovar.

Dave: ¿Qué tipo de habitación quiere? ¿Habitación individual o matrimonial?

Charlotte: Matrimonial, por favor. ¿Cuánto cuesta?

Dave: El cuarto matrimonial es 45 dólares la noche. Puede dejar sus pertenencias en la habitación hasta la tarde del día siguiente, y puede elegir una habitación del primer, segundo o séptimo piso.

Charlotte: ¿El hotel cuenta con elevador?

Dave: Por supuesto, señora Tovar.

Charlotte: Está bien, reservaré una habitación en el séptimo piso para cinco noches.

Dave: Muy bien, ya tengo su reserva. La esperamos la semana que viene. Hasta entonces, que pase una feliz tarde.

Charlotte: Muchas gracias. Hasta luego.

BOOKING AT A HOTEL

Dave: Good afternoon, how may I help you?

Charlotte: Do you have vacancies as early as next week? We want to travel to your city and we need to make a reservation.

Dave: Allow me to check the availability first and I will inform you. Yes, we have available rooms at that time. Do you want to make a reservation right now?

Charlotte: Yes, indeed.

Dave: Who will be reserving the room?

Charlotte: Charlotte Tovar.

Dave: What sort of room would you like? Single or double?

Charlotte: Double room please. How much does it cost?

Dave: The double room is 45 dollars per night. You can keep your belongings there until the afternoon of the next day, and you can choose a room from the first, second and seventh floor.

Charlotte: Does the hotel have an elevator?

Dave: Of course, Mrs. Tovar.

Charlotte: Alright, I will book a room at the seventh floor for five nights.

Dave: Very well I have got your reservation. We hope to see you next week. Until then, have a nice afternoon.

Charlotte: Thank you very much. See you later.

14

ENCUENTRO OCASIONAL
-
OCCASIONAL ENCOUNTER

Dominic: Hola Mary. ¡Cuánto tiempo ha pasado! ¡Está usted hermosa!

Mary: Gracias Dominic, de veras, han pasado muchos años. Siete para ser exactos.

Dominic: Sí, así es, y ¿cómo está tu familia?

Mary: Muy bien gracias a dios. ¿Y la tuya?

Dominic: Bien, y ¿qué es de tu vida? ¿Ya te casaste?

Mary: Si, y tengo dos hijas, Rosa y Génesis.

Dominic: ¡Guau, que maravilloso!

Mary: Si, ¿y sobre tu vida?

Dominic: Yo estoy casado también, tengo sólo un hijo llamado Joseph.

Mary: ¿Y qué decidiste estudiar por fin? Ya que la última vez que nos vimos estabas algo desorientado.

Dominic: Soy ingeniero petroquímico. ¿Y tú, Mary?

Mary: Soy contadora pública. Bueno, fue un placer verte, tenemos que vernos en otro momento y contarnos más.

Dominic: Espera, ¿te importaría darme tu número telefónico? Me gustaría invitarte a una parrillada para que nuestras familias se conozcan.

Mary. ¡Me encantaría! En ese caso llamame y avisame cuándo y cómo.

Dominic: Por supuesto Mary. Cuídate mucho.

Mary: Igual tú, Dominic, nos vemos pronto.

OCCASIONAL ENCOUNTER

Dominic: Hello Mary. It's been a while! You are beautiful!

Mary: Thank you Dominic, really, many years have passed. Seven, to be more precise.

Dominic: Yes, that's right. How is your family?

Mary: Very well, thank god. And yours?

Dominic: Fine, and how about your life? Did you marry already?

Mary: Yes, and I have two daughters, Rosa and Genesis.

Dominic: Wow, wonderful.

Mary: Yeah, and how is your life?

Dominic: I am married as well, and I have one boy called Joseph.

Mary: And what did you choose to study at the end? Last time we saw each other you were somewhat disoriented.

Dominic: I am a petroleum engineer, and how about you Mary?

Mary: I am a public accountant. Well it was nice to see you, we have to meet at another moment and talk more about each other.

Dominic: Wait, would you mind giving me your phone number? I would like to invite you to a barbecue so our families can meet each other.

Mary. I would love to! In that case, call me and notify me when and where.

Dominic: Of course, Mary. Take care of yourself.

Mary: Same to you, Dominic. See you soon.

15

UN MEJOR SISTEMA OPERATIVO
-
A BETTER OPERATING SYSTEM

Rebecca: ¡Gregory, ven! ¿Qué puedo hacer yo por ti?

Gregory: Son muchas cosas Rebecca, por eso pensé en ti, porque necesito tu ayuda.

Rebecca: Seguro Gregory. Solo dime lo que necesitas y yo te digo si puedo ayudarte o no.

Gregory: Me acordé de ti porque tú sabes instalar sistemas operativos, ya que el que mi computadora posee ha estado cada vez más lenta, y necesito una actualización para que sea más rápido que el que tengo actualmente.

Rebecca: Lo sé, yo he estado muy contenta con este sistema operativo que tengo, ya que me ayuda en lo que necesito y es mucho más fácil para trabajar. Pero tú seguro necesitas una versión más básica.

Gregory: ¿Cuánto cobras por colocar ese software?

Rebecca: Yo cobro económico, aún más porque te conozco.

Gregory: Si es económico no es necesario que me cobres menos, ¿qué necesito para que lleves a cabo la instalación del sistema operativo?

Rebecca: Sólo el disco duro de tu computadora. Puedo instalarlo a través de mi propia computadora, pero tráelo con tiempo.

Gregory: Otra cosa, yo utilizo varios programas para trabajar con documentos del trabajo. ¿Eso cuesta extra?

Rebecca: Si, necesitas pagar una licencia para utilizar sus versiones mas actuales, pero te harán tu vida más fácil.

Gregory: ¡Eso sería estupendo! ¿Entonces me cobrarás por instalar esos programas?

Rebecca: Solo añadiré el costo extra de las licencias.

Gregory: Okay Rebecca, muchas gracias.

Rebecca: No hay problema.

A BETTER OPERATING SYSTEM

Rebecca: Gregory, come over here! What can I do for you?

Gregory: Many things Rebecca, that's why I thought of you; I need your help.

Rebecca: Sure, Gregory. Just tell me what you need and I will tell you whether I can help you or not.

Gregory: I remembered you because I know you install operating systems. My computer has been increasingly slower and I need an update for it to be faster than the way it currently is running.

Rebecca: I know; I have been very happy with the operative system I own because it helps me with what I need and it's easier to work with. But you need a more basic version for sure.

Gregory: How much do you charge for installing that software?

Rebecca: I charge cheap, even more so because I know you.

Gregory: If it's cheap, it's not necessary that you charge me less. What do I need for you to make the installation of the operative system?

Rebecca: I just need your computer's hard drive. I can install it through my own computer, but bring it soon.

Gregory: Another thing, I use several programs to work with documents from work. Does that cost extra?

Rebecca: Yes, you need to pay a license to use their most updated versions, but they will make your life easier.

Gregory: That would be fantastic! So will you charge for installing those programs, then?

Rebecca: I will just add the extra cost of the licenses.

Gregory: Okay Rebecca, thank you very much.

Rebecca: No problem.

16

VACACIONES EN LA PLAYA
-
BEACH HOLIDAYS

Greg: Hola Clare, ¿de dónde me estas llamando?

Clare: Te estoy llamando desde la playa.

Greg: Jajaja… ¿Así que te tomaste unas vacaciones?

Clare: Si, me hacía mucha falta.

Greg: Y ¿con quién estas por allá?

Clare: Estoy con mi familia. Yo estaba por decirte para que vinieras conmigo pero recordé que estás trabajando aún. Por cierto, ¿qué estás haciendo en este momento?

Greg: Estoy en mi hora de descanso, almorzando y tomando una buena taza de café. Tú debes estar pasándola muy bien por allá.

Clare: Así es, estoy muy relajada. ¿Y cómo está el clima por allá?

Greg: Terrible, ¡no para de llover! Y por allá, ¿Cómo está el clima?

Clare: Aquí está haciendo bastante sol, pero todo ha estado bien hasta el momento.

Greg: No se te olvide traerme un recuerdo. Tal vez algo de arena para tener mi playa personal en la oficina.

Clare. Veré que puedo conseguir además de solo arena.

Greg: Ja… bueno cuídate mucho por allá, conversamos en lo que regreses.

Clare: Gracias Greg, cuídate tú también por allá y que tengas buen provecho.

BEACH HOLIDAYS

Greg: Hello Clare, where are you calling me from?

Clare: I'm calling you from the beach.

Greg: Hahaha… So you took your vacations?

Clare: Yes, I was in real need of them.

Greg: And, who are you with there?

Clare: I'm with my family. I was about to tell you to come with me but I remembered that you are still working. By the way, what are you doing right now?

Greg: I'm on my lunch hour, having something to eat and drinking a nice cup of coffee. You're probably having a great time over there.

Clare: Yes, that's right, I'm very relaxed. How is the weather over there?

Greg: Terrible, the rain hasn't stopped! And over there, how's the weather?

Clare: It's so sunny here, but everything has been okay so far.

Greg: Don't forget to bring me a souvenir. Maybe some sand to have my personal beach in my office.

Clare. I will see what I get for you besides just sand.

Greg: Ha… Well take good care of yourself and let's talk when you come back.

Clare: Thank you Greg, you take care as well and have a good time.

17

INVITACIÓN A UN JUEGO DE BEISBOL
-
BASEBALL GAME INVITATION

Ian: Buenas tardes, ¿puedo hablar con Eleanor, porfavor?

Eleanor: Si, ella habla, ¿quién es?

Ian: Es Ian, Eleanor.

Eleanor: Oh… Ian ¿cómo estás?

Ian: Muy bien, quería saber si tienes un tiempo esta noche, para invitarte a un partido de beisbol, ¿Qué me dices?

Eleanor: Mmm… No me gusta mucho el béisbol, pero convénceme, a ver si me animo y voy contigo.

Ian: Hoy juegan los Yankees de Nueva York, contra los Tigres de Detroit.

Eleanor: Mmm… me gustan los Yankees de Nueva York. ¿Y a qué hora es el partido?

Ian: El partido inicia a las 7 de la noche.

Eleanor: Y, ¿cuánto cuestan las entradas?

Ian: Las entradas cuestan 20 dólares cada una por buenos lugares a ese precio, pero tranquila si estas algo falta de dinero yo te invito, no te preocupes.

Eleanor: Esta bien, bueno vamos recógeme en media hora. Hasta entonces.

BASEBALL GAME INVITATION

Ian: Good afternoon, may I speak with Eleanor, please?

Eleanor: Yes, it's me. Who am I talking to?

Ian: It's Ian, Eleanor.

Eleanor: Oh… Ian ¿how are you?

Ian: Very good, I wanted to know if you had time tonight to invite you to a baseball game. What do you say?

Eleanor: Mmm… I don't like baseball that much, but convince me and let's see if I feel encouraged to go with you.

Ian: Today is a game between the New York Yankees and the Detroit Tigers.

Eleanor: Mmm… I like the New York Yankees. At what time is the game?

Ian: It begins at 7 in the evening.

Eleanor: And how much for the tickets?

Ian: The tickets cost 20 dollars each for good spots, but be at ease if you don't have the cash; I'll invite you, don't worry.

Eleanor: Alright, well come pick me up in half hour. Talk to you then.

18

VISITA SORPRESA A LONDRES

-

SURPRISE VISIT TO LONDON

Jack: Hola Emily, algunos compañeros de trabajo y yo vamos de visita a Londres, ¿te gustaría ir con nosotros?

Emily: Si, si me gustaría. ¿Pero eso no cuesta mucho dinero?

Jack: No te preocupes, la empresa para la que trabajo cubre todos los gastos y se me permitió un acompañante.

Emily: Muy bien, si es así, vamos.

Jack: Excelente. Hay varios lugares que quiero que veamos.

Emily: ¿Qué plan tienes en mente? ¿Qué sitios visitaremos?

Jack: Mmm… el primer lugar al que iremos es el Ojo de Londres. Siempre lo he visto en televisión y en videos y se puede tener una vista muy bonita de Londres. Además podemos visitar algunos museos y restaurantes…

Emily: Sí, suena genial. Tenemos que planificar el alojamiento también.

Jack: No te preocupes sobre eso porque de eso se encarga la empresa.

Emily: Bueno voy a ir haciendo la maleta de una vez. Te llamaré cuando esté lista.

SURPRISE VISIT TO LONDON

Jack: Hello Emily, a few coworkers and I are going to visit London, would you like to come with us?

Emily: Yes, yes I would. But doesn't it cost a lot of money?

Jack: Don't worry, the company will cover the expenditures and they allowed me to take a partner.

Emily: Very well, if that's the way it is, let's go.

Jack: Excellent. There are several places I want us to see.

Emily: What do you have in mind? What places are we going to visit?

Jack: Mmm… the first place we will go to is the London Eye. I have always seen it on television and videos and we can have a very pretty view of London. We can also visit a few museums and restaurants …

Emily: Yes, that sounds great. We need to plan the accomodation as well.

Jack: Don't worry about that because the company will take care of that.

Emily: Okay I will be packing everything right now. I will call you when I'm ready.

19

PROBLEMAS EN EL HOTEL

–

PROBLEMS AT THE HOTEL

James: Buenos días señorita, ¿en qué puedo servirle?

Emma: Buenos días, yo tengo una reservación a nombre de Emma Gonzales.

James: Un momento por favor, permítame verificar. Efectivamente, usted tiene una reservación, pero su habitación no está lista aún. Lo estará en el plazo de una hora.

Emma: ¿Qué? ¿Una hora? Yo tuve un vuelo muy largo, quiero descansar, y usted me dice que no estará lista ¿sino hasta dentro de una hora?

James: Nuestro horario de entrega de habitaciones es a partir de las 10am. Debe entender que se debe realizar la limpieza de las habitaciones y eso demora al menos media hora.

Emma: Está bien esperaré sentada en la sala de estar mientras limpian la habitación.

PROBLEMS AT THE HOTEL

James: Good morning ma'am, how can I help you?

Emma: Good morning, I have a reservation by the name of Emma Gonzales.

James: One moment, please, allow me to verify it. Indeed, you have a reservation, but your room is not ready yet. It will be ready within an hour.

Emma: What? An hour? I had a very long flight, I want to rest, and you tell me that it's not ready until the following hour?

James: Our room entry schedule begins at 10 a.m. You have to understand that the room must be cleaned and that takes at least half an hour.

Emma: Okay, I will sit and wait in the lounge while the room is being cleaned.

20

VOLUNTARIADO
-
VOLUNTEERS

Joe: Hola Fiona ¿como estas? ¿Has escuchado del programa de voluntariado que esta ofreciendo Estados Unidos?

Fiona: Estoy bien, y no lo sabia hasta ahora. Cuéntame sobre eso Joe.

Joe: El voluntariado consiste en permanecer un año en ese país, enseñando español.

Fiona: Suena interesante, ¿y pagan por eso?

Joe: Sí, sí pagan, aunque no un sueldo como tal, ya que es un voluntariado. Sin embargo, si te va bien y el gobierno observa que desempeñas bien tu trabajo, puedes optar por una visa para quedarte en Estados Unidos, ¿que te parece?

Fiona: Suena genial, y ¿que debemos hacer para poder ir?

Joe: Presentar nuestro titulo universitario junto con otros recaudos y documentos en la embajada de Estados Unidos.

Fiona: Sí claro, vamos a hacer todo eso, y ¿qué dicen tus padres?

Joe: Ellos quieren que lo haga, ya que es una buena oportunidad.

Fiona: Sí claro, tienes razón mis padres seguramente pensarán lo mismo. Pasa por mi casa para que me cuentes mas sobre eso ¿sí? Cuídate Joe.

VOLUNTEERS

Joe: Hello Fiona, how are you? Have you heard of the volunteer program offered by the United States?

Fiona: I'm fine, and I didn't know about that until now. Tell me more about it, Joe.

Joe: The volunteering consists of staying a year in that country teaching Spanish.

Fiona: Sounds interesting, and do they pay for it?

Joe: Yes, they pay, although not a salary as such since it's volunteering. However, if you do well and the government sees that you perform your job well, you can opt for a visa to stay in the United States. What do you think about it?

Fiona: Sounds great, and what do we have to do to go?

Joe: Present your college degree along with other requirements and documents at the United States embassy.

Fiona: Yes sure, let's do all that, what do your parents think about it?

Joe: They want me to do it since it's a good opportunity.

Fiona: Of course, you are right, my parents will surely think the same thing. Come over to my house so you can tell more about it, alright? Take care, Joe.

21

¡NO ME GUSTA MI TRABAJO!
-
I DON'T LIKE MY JOB!

John: Hola, ¿cuál es tu nombre?

Gemma: Mi nombre es Gemma.

John: Correcto Gemma,.. ¿Puedo yo hacerte unas preguntas sobre tu trabajo?

Gemma: Sí, no hay problema

John: ¿A ti te gusta tu trabajo?

Gemma: No, yo odio mi trabajo.

John: ¿Por qué tú odias tu trabajo?

Gemma: Por mi jefa Elaine. Ella es terrible.

John: ¿En serio? ¿Qué tan terrible es ella?

Gemma: Ella no trabaja, bebe todos los días, fuma dentro de la oficina y hace mi vida una miseria.

John: Eso no esta bien, ¿tiene ella algún jefe con quien tu puedas hablar?

Gemma: Si, pero su jefe es su padre. Por eso no le importa.

John: Que su padre sea el jefe no significa que no vaya a escuchar.

Gemma: Otros lo han intentado y han tenido que renunciar. Realmente es un ambiente muy negativo.

John: Si no puedes resolver esa situación, ¿podrías buscar otro trabajo?

Gemma: Estoy tratando pero yo no puedo dejarlo ahora, necesito el trabajo.

John: Es una lastima. Te deseo la mejor de las suertes.

Gemma: Muchas gracias. Que tengas un buen día.

I DON'T LIKE MY JOB!

John: Hello, what is your name?

Gemma: My name is Gemma.

John: Right Gemma… Can I ask you a few questions about your job?

Gemma: Yes, no problem.

John: So, do you like your job?

Gemma: No, I hate my job.

John: Why do you hate your job?

Gemma: Because of my boss Elaine. She is terrible.

John: Really? How terrible is she?

Gemma: She doesn't work, drinks everyday, smokes within the office and makes my life a misery.

John: That isn't right. Does she have a superior with whom you can talk with?

Gemma: Yes, but the boss is her father. That's why she doesn't care.

John: The fact that her father is the boss doesn't mean that he is not going to listen to you.

Gemma: Others have tried and they had to resign. It's really a very negative environment.

John: If you can't solve that situation, could you look for another job?

Gemma: I am trying but I can't leave it now, I need that job.

John: It's a shame. I wish you the best of luck.

Gemma: Thank you very much. Have a nice day.

22

EN EL ZOOLÓGICO

-

AT THE ZOO

Helen: ¡Joseph, ya estamos en el zoológico!

Joseph: ¡Que bonito está todo aquí! ¡Y mira que cantidad de animales hay aquí!

Helen: ¡Sí! ¡Mira ese elefante! ¡Que grande es! ¿Te gustan muchos los animales, Joseph?

Joseph: Sí me gustan mucho, pero claro no todos.

Helen: ¿Cuáles no te gustan Joseph?

Joseph: No me gustan las serpientes y animales venenosos.

Helen: Es verdad. Para ser honesta, a mi me dan miedo los cocodrilos.

Joseph: Y mira ese león, ¿sabias que es considerado el rey de la selva?

Helen: No sé por qué es considerado un rey, si no es tan grande como un elefante o un hipopótamo.

Joseph: Si tienes razón, pero dicen que él puede trabajar en conjunto con su manada y esa es una de las características los hacen más exitosos que el resto de los animales.

Helen: Si bueno tienes razón, vamos a ver los otros animales.

AT THE ZOO

Helen: Joseph, we've arrived at the Zoo already!

Joseph: Everything here is so pretty! And look at the amount of animals here!

Helen: Yes! Look at that elephant! How big it is! Do you like animals, Joseph?

Joseph: Yes, I like them a lot, but not all of them of course.

Helen: Which ones don't you like, Joseph?

Joseph: I don't like snakes and venomous animals.

Helen: That's right. To be honest, I am scared of cocodriles.

Joseph: And look at that lion. Did you know it is considered the King of the Jungle?

Helen: I don't know why it is considered a king if it's not as big as an elephant or hippopotamus.

Joseph: Yes you are right, but it is said that they can work together with their pack and I guess that's one of the features that makes them more succesful tan other animals.

Helen: Yes you're right; now let's go see the other animals.

23

REGALO DE CUMPLEAÑOS
-
BIRTHDAY PRESENT

Joe: Oye, sabes que quiero comprar un regalo de cumpleaños para mi madre.

Helen: ¿Oh, cuándo es el cumpleaños de tu mamá?

Joe: El 18 de Diciembre.

Helen: ¿Qué quieres comprar para ella?

Joe: No estoy muy seguro.

Helen: ¿Sabes de algo que le guste a ella?

Joe: Mmm… Bueno a ella le gustan algunas cosas: la ropa, viajar, y dulces.

Helen: Buena idea, vámonos de compras.

Joe: ¡Mira esa torta! ¡Es muy grande pero debe costar mucho dinero!

Helen: Sí, vamos a ver el precio.

Joe: ¡Guao, está económica! Voy a comprar una.

Helen: De seguro a tu mama le va a encantar.

Joe: ¿Cuál seria el mejor sabor?

Helen: Mmm… Compra una de chocolate. ¡Se ve deliciosa!

Joe: Sí, compraré la de chocolate y luego vamos por algo de ropa.

Helen: No olvides zapatos para el uso diario, zapatos deportivos, tacones altos, etc.

Joe: ¿No son muchos zapatos?

Helen: Joe, no son suficientes, pero supongo que es un comienzo.

Joe: Ahí se va el dinero que se suponía que ahorraría con esta torta.

Helen: Es una vez al año. Vamos, apúrate para que vayamos de compras.

BIRTHDAY PRESENT

Joe: Hey, you know, I want to buy a birthday present for my mother.

Helen: Oh, when is her birthday?

Joe: December the 18th.

Helen: What do you want to buy for her?

Joe: I'm not very sure.

Helen: Do you know of something that she may like?

Joe: Hmm… Well, she likes a few things: clothes, travelling and sweets.

Helen: Good idea, let's go shopping.

Joe: Look at that cake! It's big but it probably costs a lot of money!

Helen: Yes, let's go see the price.

Joe: Wow, it's very cheap! I'm going to buy one.

Helen: I am sure your mom will love it.

Joe: What would be the best flavor to get?

Helen: Mmm… buy the chocolate one, it looks delicious!

Joe: Yes, I will buy a chocolate one and after that let's go for some clothes.

Helen: Don't forget daily shoes, sport shoes, high heels, etc.

Joe: Aren't those too many shoes?

Helen: Not enough, Joe, but I guess it's a start.

Joe: There goes the money I was supposed to save with this cake.

Helen: It's only once a year. Come on now; hurry up so we can go shopping.

24

¡VAMOS A ACAMPAR!

-

LET'S GO CAMPING!

Kevin: Jane, ¿tienes listas las cosas para el campamento?

Jane: Si, tengo todo listo, bueno eso creo.

Kevin: Eso crees, mmm… vamos a revisar ¿te parece?

Jane: Está bien, mira dentro del bolso lo que yo llevo.

Kevin: Tienes la bolsa de dormir, la carpa y una linterna, pero ¿y el resto de las cosas?

Jane: ¿Qué cosas Kevin? ¿Eso no es suficiente?

Kevin: No, tienes que tener encededores y velas, en caso de que la linterna empiece a fallar.

Jane: Si claro, tienes razón.

Kevin: ¿Y este traje de baño?

Jane: Para nadar en el lago. Debe haber un lago o un rio cerca ¿verdad?

Kevin: ¿En qué piensas Jane? Si hay lagos, pero está prohibido nadar en ellos por seguridad.

Jane: Está bien Kevin, guardemos lo que necesitamos y vámonos que ya es tarde.

LET'S GO CAMPING!

Kevin: Jane, do you have everything ready for the camp?

Jane: Yes, I have everything ready, or so I think.

Kevin: You think, hmmm… Let's check it out, don't you think?

Jane: Alright, look inside the bag at all that I'm taking with me.

Kevin: You have the sleeping bag, the tent and a lantern, but, what about everything else?

Jane: What things, Kevin? Isn't that enough?

Kevin: No, you need to have lighters and candles in case the lantern starts to fail.

Jane: Yes, of course, you are right.

Kevin: And what's with that swimsuit?

Jane: To swim in the lake. There has to be a lake or a river nearby, right?

Kevin: What are you thinking Jane? Yes there are lakes, but it's forbidden to swim in them for security reasons.

Jane: Okay Kevin, let's put away what we need and go already because it's late.

25

IMAGINANDO UNA AVENTURA EN KAYAK

-

IMAGINING A KAYAK ADVENTURE

Mark: ¿Qué tipo de aventuras te gustaría tener Jennifer?

Jennifer: Mmm... Algo que me gustaría mucho es viajar en kayak por el rio.

Mark: Guao... Increíble, ¿pero no es muy peligroso eso? Además tú sufres de miedo, ¿crees que podrías?

Jennifer: Bueno, tendría que intentarlo, ¿no crees?

Mark: Si claro, tienes razón. ¿Y sabes en que consiste esa travesía y los peligros que correrás?

Jennifer: Si, bueno, depende del rio en el que quiera llevar a cabo dicha actividad.

Mark: ¿Podrías explicarme?

Jennifer: Si claro, a lo me refiero sobre el rio es que hay ríos que tienen pocas rocas y no son tan rapidos, como otros en los que hay muchas rocas y se tornan peligrosos.

Mark: Mmm... Buena explicación. Bueno pongámonos en marcha y así realizar esa actividad ¿te parece?

Jennifer: Está bien Mark, consigamos las cosas y seleccionemos un lugar, ¡que la aventura comience!

IMAGINING A KAYAK ADVENTURE

Mark: What kind of adventures would you like to have, Jennifer?

Jennifer: Mmm… Something I would like to do is travelling down a river with a kayak.

Mark: Wow… Incredible, but isn't that too dangerous? Also, you're easily frightened; do you think you could pull it off?

Jennifer: Well, I would have to try, don't you think?

Mark: Yes, of course you are right. And do you know what this travel consists of and the dangers you will face?

Jennifer: Yes, well, that depends on the river I would choose for such an activity.

Mark: Could you explain?

Jennifer: Yes sure, what I mean about the river is that some of them have few rocks and are not as fast, like others that have a lot of rocks and can quickly become quite dangerous.

Mark: Mmm… Nice explanation. Well, let's move along now so we can do that activity, don't you think?

Jennifer: Okay Mark, let's get a few things and select a place. Let the adventure begin!

26

DANDO UNA OPINIÓN
SOBRE UNA PELÍCULA
–
GIVING AN OPINION ABOUT A MOVIE

Jenny: Mark, ¿viste la Bella y la bestia?

Mark: Sí la vi, Jenny.

Jenny: Yo pienso que fue absolutamente increíble. ¿No es verdad?

Mark: Bueno, para mí solo fueron algunas escenas, pero nada en especial. Aún así la película me gustó, debo admitirlo.

Jenny: Los diálogos eran muy limpios y los musicales me encantaron, y más que la protagonista es una mujer que ha tenido mucho éxito en el cine, y su papel fue increíble.

Mark: Sí, tienes razón pero el papel de la Bestia también fue increíble, tienes que admitirlo.

Jenny: Es increíble como adaptaron la historia real a una película.

Mark: Es verdad. Es un trabajo de calidad.

Jenny: ¿Y que película quieres ver ahora, Mark?

Mark: Bueno, vamos al cine, ¿quieres? Allí decidimos, yo invito.

Jenny: Pero tiene que ser una película de terror.

Mark: No me gustan mucho las películas de terror actuales.

Jenny: Oh, ¡no seas gallina! Yo voy a estar contigo.

Mark: No es eso. Últimamente las películas de ese género usan muchos sustos gratuitos.

Jenny: Dale una oportunidad y luego das tu opinión.

Mark: Está bien Jenny, vamos.

GIVING AN OPINIÓN ABOUT A MOVIE

Jenny: Mark, did you watch the Beauty and the Beast?

Mark: Yes, I watched it, Jenny.

Jenny: I think it was absolutely incredible, isn't that true?

Mark: Well, for me there were only a few enjoyable scenes, but nothing special. Still, I liked the movie, I must admit.

Jenny: The dialogues were pretty clean and I loved the musicals, and the protagonist is a woman who has had a lot of success in the movie world; her role was amazing.

Mark: Yes, you are right but the Beast's part was incredible as well, you have to admit.

Jenny: It's incredible how they adapted the real story into a movie.

Mark: That's true. It was a quality work.

Jenny: What movie do you want to watch now, Mark?

Mark: Well, let's go to the theater. And we will decide there; I'll pay.

Jenny: But it has to be a terror movie.

Mark: I don't like recent terror movies too much.

Jenny: Oh, don't be a chicken! I am going to be beside you.

Mark: It's not that. Recently all movies from that genre use too many gratuitous jumpscares.

Jenny: Give it a chance and then you can give your opinion.

Mark: Alright Jenny, let's go.

27

MEDIOS DE TRANSPORTE
-
MEANS OF TRANSPORTATION

Matthew: ¿Que medios de transporte te gustan usar por lo general, Jessica?

Jessica: Mmm… Depende a donde vaya y si estoy apurada o no, pero algunos son: el carro, la moto, el metro… ah, y por supuesto el avión cuando viajo a otro país.

Matthew: Interesante. Y para ti, ¿cual es el medio de transporte más seguro y el preferido por ti?

Jessica: Déjame pensar, mmm… bueno el más seguro y el que me gusta más es el avión, aunque a pesar de ser tan seguro me da algo de miedo volar en avión.

Matthew: ¿Y por qué te da miedo?

Jessica: Porque si falla algo el avión se cae, o puede ocurrir un secuestro del mismo.

Matthew: ¿Pero por qué piensas todo eso?

Jessica: Porque he visto muchas películas y porque ha ocurrido en la vida real.

Matthew: Mmm… Sí tienes razón, buen punto. Bueno pasemos al siguiente medio de transporte…

MEANS OF TRANSPORTATION

Matthew: What means of transportation do you like in general, Jessica?

Jessica: Mmm... It depends where I'm going and if I am in a hurry or not, but some of them are: cars, bikes, the subway... oh and of course planes, when I'm traveling to another country.

Matthew: Interesting. And for you, what is your favorite and safest means of transportation?

Jessica: Let me think about it, hmm... Well, the safest and the one I like the most is the plane, although despite being so safe I am somewhat scared to fly in one.

Matthew: And why are you so scared?

Jessica: Because if something fails the plane will fall, or perhaps a plane hijacking can occur.

Matthew: Why do think of those things?

Jessica: Because I have watched a lot of movies and because it has happened in real life.

Matthew: Mmm... Yes, you are right, good point. Well, let's move on to the next means of transportation...

28

COMPRANDO UN PASAJE
EN EL AEROPUERTO
–
BUYING A TICKET AT THE AIRPORT

Matthew: Buenos días, quiero comprar un boleto para Roma, Italia por favor.

Jessie: ¿Sólo de ida, o de ida y vuelta señor?

Matthew: Sólo de ida, por favor.

Jessie: ¿Para qué día requiere su vuelo señor?

Matthew: El miércoles que viene, señorita. ¿Podría indicarme los horarios de vuelo que puedo seleccionar para ese dia?

Jessie: Tenemos por el momento solo a la 1 p.m., señor. Tiene que estar presente una hora antes de abordar. Se le sugiere llegar un poco más temprano.

Matthew: Ok muchas gracias. Otra pregunta, ¿cuántos kilos están admitiendo en el avión por persona?

Jessie: El peso límite por equipaje es de 20 kilos.

Matthew: Y, ¿puedo llevar mi maleta de mano conmigo?

Jessie: Sí señor, puede llevar hasta 5 kilos con usted. Antes de abordar será pesado para confirmar que cumple con los requisitos.

Matthew: Esta bien, tomaré el vuelo a esa hora.

Jessie: Muy bien, señor. Permítame su identificación y tarjeta de crédito para poder efectuar su compra.

Matthew: Aquí tiene.

Jessie: Muy bien señor, aquí tiene de vuelta su ticket junto con su identificación y tarjeta de crédito. Su vuelo esta programado para el día miércoles a la 1 de la tarde. Por favor recuerde prepararse de acuerdo a las instrucciones dadas. En caso de algún inconveniente, recuerde contactarnos al número indicado y con gusto reprogramaremos la fecha de su vuelo.

Matthew: Muchas gracias, señorita. Que pase un buen día.

Jessie: Igualmente señor.

BUYING A TICKET AT THE AIRPORT

Matthew: Good morning, I want to buy a ticket to Rome, Italy please.

Jessie: One way or round trip sir?

Matthew: One way ticket please.

Jessie: For what day do you require your flight, sir?

Matthew: Next Wednesday, Miss. Could you indicate the flight schedules that I can select for that day?

Jessie: We only have one at 1 p.m. at the moment, sir. You must be present one hour before boarding. It is suggested you be here earlier.

Matthew: Okay, thank you very much. Another question, how many kilograms are allowed in the plane per person?

Jessie: The weight limit is 20 kilograms.

Matthew: And can I take a carry-on?

Jessie: Yes sir, you can take up to five kilograms on your person. Before boarding it will be weighed to confirm that it meets the requirements.

Matthew: Alright, I will take the flight at that hour.

Jessie: Very well, sir. Allow me your ID and credit card to make your purchase.

Matthew: There you have it.

Jessie: Very well sir, here you have your ticket along with your ID and credit card back. Your flight is scheduled for this Wednesday at 1pm. Please remember to prepare yourself according to the given instructions. In case of any problem, remember to contact us to the given number and we will reschedule your flight date with pleasure.

Matthew: Thank you very much, Miss. Have a nice day.

Jessie: Same to you, sir.

29

ABRIENDO UNA CUENTA DE BANCO
-
OPENING A BANK ACCOUNT

Michael: Buenos días señorita, quiero abrir una cuenta en este banco.

Johanna: Ok señor, ¿tiene los documentos requeridos?

Michael: Sí, aquí los tengo. Partida de nacimiento, referencias bancarias, fotocopia de mi carnet de identificación y dos fotografías tipo carnet. ¿Podría usted contarme sobre los beneficios que ofrece este banco?

Johanna: Si, el banco le ofrece una gran variedad de servicios, incluyendo pero no limitándose a: pagos por internet, créditos o financiamiento de propiedades inmobiliarias. Todo esto a través de su tarjeta de debito o crédito.

Michael: Muy bien señorita, me gusta lo que dice con respecto a este banco. ¿Qué diferencias hay entre este banco y el resto de los bancos?

Johanna: La diferencia es que nuestro banco le ofrece un mayor financiamiento o crédito, más rápido y sin tantas molestias.

Michael: Ok, y ¿con cuánto dinero yo puedo abrir la cuenta?

Johanna: El monto mínimo para abrir una cuenta bancaría es de 100 dolares.

Michael: Muy bien señorita, ¿que formularios debo llenar?

Johanna: Llene estos formularios por favor.

OPENING A BANK ACCOUNT

Michael: Good day ma'am, I would like to open an account in this bank.

Johanna: Okay sir, do you have the required documents?

Michael: Yes I have them here. Birth certificate, bank references, copies of my ID card, and two passport-size potos. Could you tell me about the benefits of that this bank offers?

Johanna: Yes, the bank offers you a great variety of services, including but not limited to: payment via internet and funding credits for real estate. All of this through your debit or credit card.

Michael: Very good Miss, I like what you're telling me about this bank. What are the differences between this bank and the rest of them?

Johanna: The difference is that our bank offers greater credits and funding, much faster and less troubling than others as well.

Michael: Okay, and with how much money can I open my bank account?

Johanna: The minimum amount to open a bank account is 100 dollars.

Michael: Very well Miss, which forms do I have to fill?

Johanna: Please fill these forms.

30

LA INTERNET
-
THE INTERNET

Mike: Hola Rachel, he escuchado que eres muy buena con el tema del internet y que sabes muchas cosas, ¿no es verdad?

Rachel: Si así es Mike, ¿Qué quieres saber?

Mike: Tengo dudas ya que en la universidad me mandaron a hacer un video blog y de verdad yo no me la llevo muy bien con el internet, y quisiera que tú me ayudaras.

Rachel: Si claro. Hacer un blog es lo más fácil del mundo. Pero por supuesto, se deben tener unos conocimientos sobre internet para llevar a cabo el blog.

Mike: Está bien, ¿Cuándo vas a estar disponible para ayudarme con el blog?

Rachel: Puede ser esta misma tarde. ¿Tienes internet en tu casa?

Mike: No tengo internet, pero voy a buscar la manera para hacer eso.

Rachel: Si claro, ya que sin internet no podemos hacer nada.

Mike: Ok déjame solucionar eso y te digo.

Rachel: Está bien. Avísame cuando estés desocupado.

THE INTERNET

Mike: Hello Rachel, I've heard that you're very good with the topic of the internet and that you know many things related to it, isn't that right?

Rachel: Yes, that's right Mike, what do you want to know?

Mike: I have some doubts because I was asked to make a vlog at the university and I really don't get along with the internet, so I would like you to help me.

Rachel: Yes, of course. Making a video blog is the easiest thing in the world. But of course, you need some knowledge about the internet to manage a blog.

Mike: Okay, when are you going to be available to help me with the vlog?

Rachel: It can be this same afternoon. Do you have internet at your home?

Mike: I don't have internet, but I am going to find a way around that.

Rachel: Yes of course, because we wouldn't be able to do anything without internet.

Mike: Okay, let me solve that and I'll tell you.

Rachel: Very well. Notify me when you are available.

31

COMIENDO AFUERA

-

EATING OUT

Karen: Nicholas, quiero invitarte a comer, pero antes de eso quisiera saber ¿qué clase de comida te gusta comer en la calle?

Nicholas: No se, cualquier cosa está bien, pero me gustan mucho los perros calientes.

Karen: Te quiero invitar a comer, ¿y me hablas sólo de perros calientes? ¡Guao! ¡Que gustos tienes!

Nicholas: Jajaja. Bueno, también me gusta el pollo asado.

Karen: Si eso suena mucho mejor. ¿Te gusta un lugar en específico?

Nicholas: Si, "El Rincón del Pollo". Los pollos asados que venden allí son muy deliciosos.

Karen: ¿Cuándo te gustaría ir?

Nicholas: Mmm... ¿el jueves te parece?

Karen: Si, está bien. Dile a tu hermana también, si gustas claro.

Nicholas: No, ella está castigada por no hacer la tarea de la escuela.

Karen: Ok, no hay problema, entonces vamos nosotros dos.

EATING OUT

Karen: Nicholas, I want to invite you to eat, but before that I would like to know, what kind of food do you like to eat on the street?

Nicholas: I don't know, anything is fine, but I like hot dogs a lot.

Karen: I want to invite you to eat, and you just talk about hot dogs? Wow, what a strange taste you have!

Nicholas: Hahaha. Well, I also like roasted chicken.

Karen: That sounds much better. Do you like a place in particular?

Nicholas: Yes, "The Chicken's Corner" The chicken they sell there is very delicious.

Karen: When would you like to go?

Nicholas: Mmm… Thursday? What do you think?

Karen: Yes, it's okay. Tell your sister too, if you want to of course.

Nicholas: No, she is grounded for not doing her homework.

Karen: Okay, no problem, then it's just the both of us.

32

VIDA SALUDABLE
-
HEALTHY LIFE

Nick: Hola amiga mia, ¿como estas? Cuánto tiempo sin verte.

Kathryn: Hola Nick. Espero tu estés bien. Por cierto amigo, ¿qué te pasó que estás tan gordo?

Nick: Trabajo en un negocio de comida rápida y como mucho, ya que el olor que se siente allí me causa mucha ansiedad.

Kathryn: Sí bueno, tienes razón, pero hay modos de evitarlo. Yo tengo un estilo de vida saludable, ya que sabes que eso ayuda a prevenir enfermedades y el metabolismo funciona mucho mejor.

Nick: Sí, por supuesto, ¿podrías darme algunos consejos para bajar de peso?

Kathryn: Si claro amigo. Lo primero que debes hacer es tener fuerza de voluntad, ya que tienes un trabajo donde hay comida poco sana.

Nick: Asi es, ¿y qué otro consejo?

Kathryn: Bastará con que hagas ejercicio en la mañana antes de ir al trabajo o después del trabajo, dependiendo de tu horario, y si te metes a un gimnasio los resultados serán más rápidos.

Nick: Está bien, haré lo que me dices, ya que tengo que mejorar mi salud. Cuídate mucho y gracias.

HEALTHY LIFE

Nick: Hello, my friend, how are you? Long time no see.

Kathryn: Hey Nick. I hope you are okay. By the way buddy, what happened to you? Why are you so fat now?

Nick: I am working at a fast food chain and I eat a lot, because the smell there causes me a lot of anxiety.

Kathryn: Yes, well, you are right, but there are ways to avoid that. I have a healthy life style because you know it helps to prevent diseases and the metabolism works much better.

Nick: Yes, of course, could you please give me some advice to help me reduce my weight?

Kathryn: Yes, sure buddy. The first thing you have to do is to have willpower, because you have a job where there is unhealthy food.

Nick: That's right, and another bit of advice?

Kathryn: It will be enough that you do some exercise every morning before or after going to work, depending on your schedule, and if you sign up into a gym the results will be much faster.

Nick: Alright, I will do what you're tell me, because I need to improve my health. Take care of yourself and thank you.

33

CONCIERTO EN LA CIUDAD
–
CONCERT IN THE CITY

Oliver: Kathy, ¿a ti te gustan los conciertos?

Kathy: ¡Sí claro, me encantan!

Oliver: Dentro de un mes hay uno en nuestra ciudad, ¿sabes de quién se trata?

Kathy: No Oliver, ¿quién vendrá?

Oliver: Elvis Presley. ¿Lo conoces?

Kathy: Sí, sí lo conozco, y he escuchado mucho de él.

Oliver: Yo tengo todos sus discos, incluso he estado en muchos de sus conciertos.

Kathy: ¿Y quieres estar en otro concierto de él? ¿Por qué no seleccionar otro?

Oliver: Él es mi ídolo, su estilo de música me encanta, y la orquesta que lo acompaña es excelente.

Kathy: Ah, y ¿ya tienes las entradas?

Oliver: Sí, ya las tengo. No hagas ningún plan el último sábado de este mes. En estos días te visito y conversamos.

CONCERT IN THE CITY

Oliver: Kathy, do you like concerts?

Kathy: Yes, of course, I love them!

Oliver: There is going to be one in our city within a month, do you know who is going to come?

Kathy: No Oliver, who's coming?

Oliver: Elvis Presley. Do you know him?

Kathy: Yes, yes I know him, and I've heard a lot about him.

Oliver: I have all his disks; I have even been to many of his concerts.

Kathy: And do you want to be in yet another of his concerts? Why don't you select another one?

Oliver: He is my idol; I love his music style and the orchestra that accompanies him is excellent.

Kathy: Oh, and did you get the tickets?

Oliver: Yes, I have them. Don't make any plan for this month's last Saturday. I will visit you in the following days to talk.

34

EL DINERO

-

MONEY

Peter: Kelly, ¿qué harías tú si tuvieses un millón de Euros?

Kelly: Mmm... lo primero que haría seria comer en los mejores restaurantes.

Peter: Jajaja, que manera de pensar la tuya.

Kelly: ¿Y tu que harías, Peter?

Peter: En mi caso, compraría mucha ropa y un teléfono nuevo. Y uno que otro capricho si me alcanza jeje.

Kelly: ¿Y qué sobre los viajes?

Peter: Bueno, viajar a un país del continente europeo, que dicen que están muy bien.

Kelly: ¿Cómo cual, amigo?

Peter: Mmm... Alemania por ejemplo.

Kelly: ¡Guao! Si, es verdad. Es un país muy bonito.

Peter: ¿Y tú a qué país te gustaría ir?

Kelly: Inglaterra, he visto muchas cosas sobre ese país por internet y es muy bello, incluyendo sus castillos.

Peter: Bueno algún día si nos lo proponemos podremos ir.

MONEY

Peter: Kelly, what would you do if you had a million Euros?

Kelly: Hmm… the first thing I'd do is eat at the best restaurants in town.

Peter: Hahaha, what a way to spend your money.

Kelly: And what would you do, Peter?

Peter: In my case, I'd buy a lot of clothes and a new phone. And one or two other items if I still had enough cash left, hehe.

Kelly: What about trips and journeys?

Peter: Well, I'd travel to a country in the European continent; people say that they're very well off.

Kelly: Like which one, my friend?

Peter: Hmm... Germany, for example.

Kelly: Wow! It's true; it's a really beautiful country.

Peter: What country would you visit?

Kelly: England, I've read a lot about it on the internet and it's very pretty, including its castles.

Peter: Well, if we work hard enough we'll go some day.

35

LA MEJOR FIESTA DEL AÑO
-
THE BEST PARTY OF THE YEAR

Paulina: Oh, hola Emilio.

Emilio: Hola Paulina.

Paulina: ¿Cómo te ha ido?

Emilio: Bien, ¿y a tí?

Paulina: Muy bien, aunque bastante ajetreada. ¿Y cómo estuvo tu fin de semana?

Emilio: Bien, fue un buen fin de semana, pero fue muy corto.

Paulina: ¿Hiciste algo interesante en esos días?

Emilio: Fui a una fiesta en la piscina. Era la fiesta de cumpleaños de Carlos.

Paulina: ¿Y fue una buena fiesta?

Emilio: Sí, estuvo muy buena, hicieron una parrillada, hubo competencia de natación, luego de eso salimos a bailar, y otras cosas. Lo disfruté muchísimo. Me gustó su cumpleaños.

Paulina: Yo no pude ir, tenía que hacer tarea para la semana.

Emilio: Que mal. Te perdiste la mejor fiesta del año. Espero que puedas ir a la próxima.

Paulina: Yo espero lo mismo. Te hablo luego Emilio. Debo ir a terminar mis tareas.

Emilio: Cuídate mucho. Hablamos luego.

THE BEST PARTY OF THE YEAR

Paulina: Oh, hello Emilio.

Emilio: Hey Paulina.

Paulina: How have you been doing?

Emilio: Well and you?

Paulina: Very well. Although very busy. How was your weekend?

Emilio: Good, it was a nice weekend, but it was very short.

Paulina: Did you do something interesting these days?

Emilio: I went to a pool party. It was Carlos' birthday party.

Paulina: And was it a good party?

Emilio: Yes, it was very good, they prepared a barbecue, and there was a swimming contest, later we came out to dance, among other things. I really enjoyed it. I liked his birthday.

Paulina: I couldn't go; I had homework to do for the week.

Emilio: What a shame. You missed the best party of the year. I hope you can come to the next one.

Paulina: I hope the same. I'll talk to you later Emilio, I have to finish my homework.

Emilio: Take care a lot. Talk to you later.

36

LA CENA DE ANOCHE

-

LAST NIGHT'S DINNER

Samuel: Fui a cenar con María anoche.

Katherine: ¿Fuiste a cenar con María? ¿Pero no te gustaba Patricia?

Samuel: Me gustaba Patricia cuando trabajaba con ella en la oficina, pero al parecer hay alguien más que a ella le gusta.

Katherine: ¿Y quién planeó la cena?

Samuel: María me llamo, me dijo que no quería cenar sola y me invitó. Salimos a un bonito restaurante de la ciudad. ¡Ella fue muy adorable y divertida!

Katherine: Me alegra que resultara así, ¡aunque la próxima vez tú deberías de ser quien la invite a ella!

Samuel: Ayer le dije eso, que la próxima vez yo invitaría. Además, aunque María fue quien me invitó, a mí me toco pagar la cuenta.

Katherine: ¿Y cuánto tiempo tienes conociendo a María?

Samuel: La conozco desde hace dos meses cuando comencé a trabajar en el banco. Disculpa Kate, debo colgar, María está llamando.

Katherine: Cuídate amigo mío. Espero conocer pronto a María.

LAST NIGHT'S DINNER

Samuel: I had dinner with Maria last night.

Katherine: You went out for dinner with Maria? But weren't you interested in Patricia?

Samuel: I liked Patricia when I worked with her at the office, but apparently there is someone else that she likes.

Katherine: And who planned the dinner?

Samuel: María called me; she told me that she didn't want to dine alone. We went out to a nice restaurant of the city. She was so adorable and funny!

Katherine: I am glad that it turned out like that, although next time you should be the one who invites her!

Samuel: I told her that yesterday, that next time I would invite her instead. Also, even though Maria was the one who invited me, I was the one who paid the bill.

Katherine: And how long have you known Maria?

Samuel: I know her since I started to work at the bank two months ago. Excuse me Kate, I need to hang up, Maria is calling.

Katherine: Take care, my friend. I hope to meet Maria soon.

37

AYER EN LA PLAYA
–
YESTERDAY AT THE BEACH

Paola: ¿Fueron a la playa ayer?

Adrian: Sí fuimos, te perdiste toda la diversión.

Paola: ¿Que hicieron allá?

Adrian: Jugamos con la arena y voleibol, y varios practicamos surf.

Paola: Que bien, ¿y tomaron el sol y comieron camarones y cangrejos?

Adrian: Sí, tomamos mucho el sol. Yo no comí nada de mariscos porque soy muy alérgico.

Paola: Que mal por ti. ¿Qué otras cosas hicieron?

Adrian: Tomamos muchas fotos. En la noche fuimos a una fiesta en la costa.

Paola: ¿Había música?

Adrian: Sí, había música y bailarines. Se parecía a las fiestas de las películas.

Paola: Ya no me cuentes más, me siento triste por no haber ido. Me cuentas luego.

Adrian: Está bien, mejor hablemos de otra cosa.

YESTERDAY AT THE BEACH

Paola: Did you go to the beach yesterday?

Adrian: Yes, we did, and you missed all the fun.

Paola: What did you do there?

Adrian: We all played in the sand and some volleyball, and a few of us practiced surf.

Paola: How nice, and did you sunbathe and eat shrimps and crabs?

Adrian: Yes, we sunbathed a lot. I didn't eat any seafood because I am allergic.

Paola: Too bad for you. What else did you do?

Adrian: We took a lot of pictures. At night we went to a party at the coast.

Paola: Was there music?

Adrian: Yes, there was music and dancers. It looked like the parties from the movies.

Paola: Don't tell me more, I feel sad for not having gone. Tell me about it later.

Adrian: It's okay; let's better talk about something else.

38

DE REGRESO DE AMSTERDAM
-
BACK FROM AMSTERDAM

Junior: Hola Camila, bienvenida. ¿Cómo estuvieron tus vacaciones?

Camila: ¡Estuvieron buenísimas!

Junior: ¿A dónde fuiste?

Camila: Fui a Ámsterdam por recomendación de un amigo, y no me arrepiento de absolutamente nada.

Junior: Genial, ¿y qué tal fue? ¿Cómo estuvo el clima?

Camila: Hizo frío, bueno, siempre es frío. Pero me gustó muchísimo.

Junior: ¿Qué fue lo que más te gusto?

Camila: Me gustó todo. La comida es muy deliciosa; los viajes en bicicleta, vi muchas flores. No quería regresar. Fueron las mejores vacaciones de mi vida.

Junior: ¿Tienes pensado volver a viajar a Ámsterdam? Creo que podría darle una oportunidad también.

Camila: No lo sé aun, pero sí me gustaría volver. Ven, ayúdame a desempacar mis cosas y así te doy el obsequio que te compré.

BACK FROM AMSTERDAM

Junior: Hello Camila, welcome back. How were your holidays?

Camila: They were very, very good!

Junior: Where did you go?

Camila: I went to Amsterdam by recommendation of a friend, and I regret absolutely nothing.

Junior: Great and how did you do? How was the weather?

Camila: It was cold, well, it's always cold. But I enjoyed it a lot.

Junior: What is it that you liked the most?

Camila: I liked everything. The food is very delicious; the bicycle trips, I saw a lot of flowers. I didn't want to come back. Those were the best holidays of my life.

Junior: Do you plan to return to Amsterdam? I think I could give it a chance as well.

Camila: I don't know yet, but I would like to go back. Come help me unpack my stuff so I can give you the gift I bought for you.

39

VACACIONES FAMILIARES EN RÍO DE JANEIRO

–

FAMILY VACATIONS IN RIO DE JANEIRO

Marcos: Hola Dani, ¿cómo te va?

Daniela: Bien, Marcos. ¿Tú cómo estás?

Marcos: ¡Muy bien, gracias! ¿Tienes planes para carnaval?

Daniela: Sí, iré a Río con mi familia a ver los carnavales allá. ¡Estoy tan ansiosa!

Marcos: ¡Oh, que genial! ¿Dónde se van a quedar?

Daniela: Nos quedaremos en el apartamento de una tía que vive en Copacabana.

Marcos: ¿Será tu primera vez en Brasil?

Daniela: No, esta va a ser mi segunda vez. El año pasado fui con mi hermano a pasar navidades.

Marcos: Deseo que te vaya muy bien en tus vacaciones amiga. Cuídate.

FAMILY VACATIONS AT RIO DE JANEIRO

Marcos: Hello Dani, how are you doing?

Daniela: I am doing well, Marcos. How are you?

Marcos: Very well, thank you! Do you have plans for carnival?

Daniela: Yes, I will go to Rio with my family to see the carnival over there. I am so anxious!

Marcos: Oh, how great! Where are you going to stay?

Daniela: We are going to stay at the apartment of an aunt who lives in Copacabana.

Marcos: Will it be your first time in Brazil?

Daniela: No, this is going to be the second time. Last year I went with my brother to spend Christmas.

Marcos: I wish you well in your holidays, buddy. Take care.

40

¿ADÓNDE VIAJARÍAS?

-

WHERE WOULD YOU TRAVEL TO?

Maestra Teresa: ¿Qué vas a hacer cuando seas grande?

Mario: Viajaré por todo el mundo.

Maestra Teresa: ¿En serio? ¿Y qué lugares visitarás?

Mario: Volaré el Polo Sur, cruzaré el desierto del Sahara en un camello, navegaré todos los mares y subiré todas las montañas.

Maestra Teresa: ¿Harás todo eso?

Mario: Si. Primero quiero ver todo el mundo, subiré el Everest, caminaré por la Gran Muralla de China y me bañare en la cascada del Salto Ángel.

Maestra Teresa: ¿Te irás solo?

Mario: Iré acompañado por mi amigo Martin.

Maestra Teresa: ¿Me enviarás alguna foto de tus viajes?

Mario: ¡Claro! Le escribiré desde todos los lugares que llegue a visitar.

Maestra Teresa: Gracias Mario. También me gustaría que me envíes recuerdos de cada lugar, para así poder sentir que he viajado a esos lugares como tú lo harás.

Mario: Me aseguraré de conseguir las mejores cosas de cada lugar y enviárselas junto con mis cartas.

Maestra Teresa: Realmente lo aprecio, Mario.

WHERE WOULD YOU TRAVEL TO?

Teacher Teresa: What are you going to be when you grow up?

Mario: I will travel all over the world.

Teacher Teresa: Really? What places are you going to visit?

Mario: I will fly to the South Pole, I will cross the Sahara desert on the back of a camel, and I will navigate all the seas and climb all the mountains.

Teacher Teresa: Will you do all of that?

Mario: Yes. First I want to see the whole world, climb the Everest, I will walk the Great Wall of China and I will bathe under the Angel Falls.

Teacher Teresa: Are you going alone?

Mario: I will be accompanied by my friend Martin.

Teacher Teresa: Will you send me any photographs of your travels?

Mario: Sure! I will write you from all the places I get to visit.

Teacher Teresa: Thank you Mario. I would also like you to send me souvenirs from each place, so I can feel that I have traveled to those places like you will.

Mario: I will make sure to find the best things from each place and send them to you along with my letters.

Teacher Teresa: I really appreciate it, Mario.

41

FIESTA DE FIN DE AÑO
-
NEW YEAR'S EVE PARTY

Miriam: Oye William, tengo una duda.

William: ¿Qué duda tienes?

Miriam: ¿Estarás en el almuerzo de fin de año de la empresa?

William: No estoy seguro aun, ¿tú irás?

Miriam: Claro que iré. Habrá mucha comida y el jefe dirá unas noticias que nos interesa a nosotros los trabajadores.

William: ¿De verdad? ¿A qué hora es? Porque no recuerdo.

Miriam: El almuerzo empieza a las 12:30 pm, deberías asistir.

William: Tratare de asistir. ¿Todos irán?

Miriam: Si, así es. Todos asistiremos, vendrán los trabajadores de las tiendas comerciales y los de la empresa.

William: ¿Será una celebración muy grande?

Miriam: Si. Primero será el almuerzo, después el jefe dará las noticias, luego habrá música y bebidas para todos.

William: Eso suena muy bien.

Miriam: ¿Irás?

William: En definitiva iré. No me puedo perder este evento.

NEW YEAR'S EVE PARTY

Miriam: Hey William, I have a doubt.

William: What's up?

Miriam: Will you be at the company's New Year's Eve dinner?

William: I am not sure yet, will you go?

Miriam: Of course I will. There is going to be a lot of food and the boss will say some news of interest for us the workers.

William: Really? At what time is it? Because I don't remember.

Miriam: Lunch begins at 12:30 pm, you should show up.

William: I will try to assist. Is everybody going?

Miriam: Yes, that's right. Everybody will go: the workers from the commercial stores and the ones from the company.

William: Will it be such a big celebration?

Miriam: Yes. First it will be lunch, later the boss will give the news, then there is going to be music and drinks for everyone.

William: That sounds really good.

Miriam: Will you go?

William: I'll definitely go. I can't miss this event.

42

CONSIGUIENDO UN CARRO NUEVO
–
GETTING A NEW CAR

Yajaira: Venderé mi carro la próxima semana.

Alberto: ¿Por qué lo venderás?

Yajaira: Ya está por dañarse y no tengo dinero para repáralo. Por ese motivo lo venderé. Fué la recomendación que me dio el mecánico.

Alberto: ¿Comprarás un carro nuevo?

Yajaira: Mi hermano Geraldo me llevará a ver uno que está vendiendo un amigo suyo.

Alberto: Perfecto. Deberías llevar a tu mecánico para que lo revise antes de que lo compres. Yo me compraré una moto este fin de semana.

Yajaira: Sí, lo llevaré. Necesito un mejor auto que no necesite reparaciones. Me parece estupendo que vayas a comprar una moto. Así me llevas de paseo algún día.

Alberto: Me parece buena idea.

GETTING A NEW CAR

Yajaira: I'm selling my car next week.

Alberto: Why are you going to sell it?

Yajaira: It's going to break down soon and I don't have money to fix it. That's why I'll sell it. It was the advice that the mechanic gave me.

Alberto: Will you buy a new car?

Yajaira: My brother Geraldo will take me to see one that a friend of his is selling.

Alberto: Perfect. You should take your mechanic with you so he can check it out before you buy it. I will buy a motorcycle this weekend.

Yajaira: Yes, I will take him. I need a better car that doesn't need fixing it. I think it's great that you are going to buy a bike. That way you can take me to a trip one day.

Alberto: I think it's a good idea.

43

COMPRANDO ZAPATOS
–
BUYING SHOES

Vendedor: Bienvenida, ¿en qué puedo ayudarle?

Cliente: Estoy buscando unos zapatos.

Vendedor: ¿Algunos en particular?

Cliente: Quiero unos zapatos deportivos para practicar futbol; ¿tendrá algunos?

Vendedor: Sí, por supuesto, tenemos todos estos modelos.

Cliente: ¿Tendrá estos en color negro con blanco?

Vendedor: Sí claro, ¿me podría indicar la talla que los quiere?

Cliente: Talla 40 por favor.

Vendedor: Aquí está, pruébeselo.

Cliente: ¿Es muy pequeño, no tendrá en una talla más grande?

Vendedor: Lo siento, ese modelo solo tenemos hasta la talla 40. Pero tenemos estos otros que son más grandes.

Cliente: No gracias, yo quería estos, seguiré mirando a ver si me gusta algo más.

Vendedor: También está este de aquí. Es de su tamaño, tiene los mismos colores y solo se diferencia en el patrón del zapato.

Cliente: Bueno, déjeme probarlos un poco.

Vendedor: ¿Qué le parece? Son tan cómodos como los que usted quería.

Cliente: Está bien, y se ven muy lindos. Creo que los compraré.

Vendedor: Perfecto. Sígame para indicarle donde pagar.

BUYING SHOES

Salesman: Welcome, how can I help you?

Client: I am looking for shoes.

Salesman: Any in particular?

Client: I want some gym shoes to practice football; do you have any?

Salesman: Yes, of course, we have all those models.

Client: Do you have these in black and white?

Salesman: Yes, sure, could you indicate me what size do you want?

Client: Size 40, please.

Salesman: Here they are, try them out.

Client: They're very small; do you have a bigger size?

Salesman: I apologize; we only have that model up to size 40. But we have some others that are bigger.

Client: No thanks, I wanted those, I will keep looking and see if I like something else.

Salesman: We also have this one here. It's of your size, has the same colors, and the only difference is the pattern of the shoe.

Client: Okay, let me try them out.

Salesman: What do you think? These are as comfortable as the ones you wanted.

Client: Alright, and they look very cute. I think I will buy them.

Salesman: Perfect. Follow me so I can guide you to where you can pay for them.

44

MATERIA REPROBADA
-
FAILED SUBJECT

Joselyn: Hola Armando, ¿cómo has estado?

Armando: Bien, ¿y tú? ¿Cómo te fue el semestre pasado en tus clases?

Joselyn: Nada mal, logré pasar todas mis asignaturas. Y a ti, ¿qué tal te fué?

Armando: No muy bien, no pude pasar todos mis exámenes, por esa razón me quedó una asignatura.

Joselyn: ¿Por qué? ¿Estabas tan ocupado que no estudiaste?

Armando: Así fue como pasó. Estaba trabajando y estudiando a la vez, y se me complicó todo al final de lapso.

Joselyn: ¿Cuál asignatura reprobaste?

Armando: Fallé matemática del segundo año.

Joselyn: Que mal. Ya sabes que debes estudiar mucho para poder aprobar. Espero logres nivelarte para el próximo semestre. Te veo luego.

Armando: Estudiare mucho más. Nos vemos.

FAILED SUBJECT

Joselyn: Hello Armando, how have you been?

Armando: Fine, and you? How did do at your classes last semester?

Joselyn: Not bad, I managed to pass all of my subjects. And you, how was it for you?

Armando: Not so well, I could not pass all of my tests and, for that reason, failed a subject.

Joselyn: Why? Were you so busy that you didn't study?

Armando: That's exactly what happened. I was working and studying at the same time, and everything became more complicated at the end of term.

Joselyn: Which subject did you fail?

Armando: I failed second year Math.

Joselyn: That's bad. You know you have to study a lot so you can pass. I hope you manage to recover next semester. See you later.

Armando: I will study a lot more. See you.

45

¿QUÉ HORA ES?
-
WHAT TIME IS IT?

Mario: ¿Qué hora es? ¡Vamos tarde!

Rosalba: Falta un cuarto para las siete. Aún estamos a tiempo, no entres en pánico.

Mario: Pero yo pensé que nosotros teníamos que estar en el restaurante de tu amigo para la fiesta sorpresa a las seis y media. ¡Nosotros no debemos hacer eso de nuevo, ya que el tráfico está más que terrible en la noche!

Rosalba: Seguro, pero no te preocupes. Lo que si necesitamos realmente es ayuda con la dirección. Estamos perdidos. La fiesta sorpresa comienza a las ocho.

Mario: ¿Qué? No puede ser. Tenemos que llamar a tu amigo para que él nos pueda indicar la dirección exacta de nuevo.

Rosalba: Quedate tranquilo, aquí tengo un papel con la dirección escrita en ella, pero igual no entiendo algunas cosas.

Mario: ¡Mira! ¡En el papel dice que debíamos estar en el lugar de la fiesta a las seis para empezar con los preparativos!

Rosalba: Jaja sí, bueno, tienes razón. En fin, ya vamos a llegar.

WHAT TIME IS IT?

Mario: What time is it? We are so late!

Rosalba: It's a quarter to seven. We still have time, don't panic.

Mario: But I thought we had to be at your friend's restaurant at six-thirty. We must not do this again because the traffic is beyong awful during the evening!

Rosalba: Sure, but don't worry. What we really need is help with the address. We are lost. The surprise party begins at eight.

Mario: What? It can't be. We need to call your friend so he can give us the exact address again.

Rosalba: Stay calm, I have a paper with the address written on it, but I still don't understand a few things.

Mario: Look! On the paper it says that we should be at the party place at six. to begin with the arrangements!

Rosalba: Haha yeah, well, you are right. Anyway, we are about to arrive.

46

LA LLAMADA TELEFÓNICA
-
THE PHONE CALL

Lorena: Hola Alejandro, ¿cómo estás tú?

Alejandro: ¡Oh! ¡Hola Lorena! ¡Justamente estaba pensando en ti!

Lorena: ¿En serio? ¿Qué estabas pensando de mí?

Alejandro: Pensé que podíamos salir esta noche, si gustas.

Lorena: Por eso te estoy llamando, para ver qué posibilidades hay que vayamos al cine esta noche, pero por lo que veo no habrá ningún problema porque también quieres salir.

Alejandro: Seguro, ¿Qué películas hay en cartelera en este momento?

Lorena: Yo estaba pensando en una película de comedia llamada Una luna de miel en familia, ¿sabes cuál es?

Alejandro: ¡Suena genial! Pero, ¿y si vemos una de terror? Sería mejor, y más que es de noche.

Lorena: Jaja sí claro, ¿a qué hora te paso buscando?

Alejandro: Mmm... a las 7 p.m., ¿te parece?

Lorena: Sí claro, está bien. Déjame pensar con quién dejo a mis niños y luego te digo.

Alejandro: Está bien Lorena, nos vemos ahora.

PHONE CALL

Lorena: Hello Alejandro, how are you?

Alejandro: Oh! Hey Lorena! I was just thinking about you!

Lorena: Really? What were you thinking about me?

Alejandro: I thought we might go out tonight, if you want.

Lorena: That is why I am calling you, to see the possibilities of going to the cinema tonight, but as I can see there won't be any problem because you also want to go out.

Alejandro: Sure, what movies are being shown right now?

Lorena: I was thinking of a comedy movie called "A Family's Honeymoon", do you know which one it is?

Alejandro: Sounds great! But, what if we watch a horror movie? It would be better, even more because we're going at night.

Lorena: Haha, yes sure, at what time do you want me to pick you up?

Alejandro: Mmm… at 7 p.m., do you agree?

Lorena: Sure, let me think who I can leave my children with and I'll tell you later.

Alejandro: Alright Lorena, see you later.

47

¿PUEDES DECIR ESO OTRA VEZ?
-
CAN YOU SAY THAT AGAIN?

Carmen: Hola Joseph, ¿cómo están las cosas en tu oficina?

Joseph: Hola Carmen, ¿Cómo estás tú? ¿Puedes detener la impresora y colocar papel extra para impresiones? Vamos a sacar un gran número de copias y necesitamos que tenga mucha tinta y hojas blancas.

Carmen: ¿Qué dijiste Joseph? ¿Puedes repetir el mensaje por favor? ¿Dijiste que coloque la impresora en marcha? Hay mucha interferencia.

Joseph: ¿Puedes escucharme ahora? Tienes que detener la impresora y colocar papel extra para cuando ordenen, imprimir las copias necesarias.

Carmen: Está bien. Pondré la impresora en marcha para comenzar.

Joseph: ¡No, Carmen! Escúchame, yo te escribiré a ti por correo para indicarte bien lo que tienes que hacer. ¿De acuerdo?

Carmen: ¿Qué dijo, señor? No lo escucho.

Joseph: Te escribiré por correo Carmen.

Carmen: Está bien señor de acuerdo. Lo siento mi teléfono tiene la recepción muy mal.

Joseph: Está bien, no te preocupes.

CAN YOU SAY THAT AGAIN?

Carmen: Hello Joseph, how is everything going at your office?

Joseph: Hey Carmen, how are you? Can you stop the printer and add some extra paper for the printing? We are going to print a large number of copies and we need the photocopier to have enough ink and paper.

Carmen: What did you say, Joseph? Can you repeat the message, please? Did you say to put the printer in motion? There is a lot of interference.

Joseph: Can you hear me now? You have to stop the printer and put extra paper in it by the time we get the order to print the necessary copies.

Carmen: Okay. I will turn on the printer immediately.

Joseph: No, Carmen! Listen to me, I will write you via mail to indicate what you need to do. Okay?

Carmen: What did you say, sir? I can't hear you.

Joseph: I will write you via mail Carmen.

Carmen: Alright sir, very well. I am sorry; my phone has a pretty bad reception.

Joseph: It's okay, don't worry.

48

COINCIDENCIAS
–
COINCIDENCES

Arminda: ¡Bueno, hola Josué! ¡Cuánto tiempo sin verte!

Josué: ¡Arminda! ¡Hola! ¡Ha pasado mucho tiempo! ¿Qué estás haciendo tú aquí?

Arminda: Yo estoy buscando un nuevo trabajo, aquí en esta ciudad, y estoy comprando algo de ropa aquí. A propósito, ¿qué piensas de esta camisa?

Josué: Mmm... es muy bonita. Y ¿qué otra ropa has comprado?

Arminda: Mmm... no mucha, algunas blusas y algunos trajes, ya que el trabajo que pienso tomar es en un hotel y ya sabes, hay que estar elegantes.

Josué: Jaja... sí... tienes razón, esos trabajos son muy exigentes en cuanto a la etiqueta de vestimenta.

Arminda: Y ¿tú qué estás haciendo?

Josué: Soy supervisor de una tienda de ropa aquí cerca.

Arminda: Ah... ¡excelente! Ya se quién me va a hacer un descuento en ropa.

Josué: Jajaja. No creo, las personas allí no hacen descuento.

Arminda: Jaja, tranquilo, es una broma. Vamos a tu tienda y muéstrame algunas cosas.

COINCIDENCES

Arminda: Well, hello Josue! How long has it been since I have seen you!

Josué: Arminda! Hello! It has been a long time! What are you doing here?

Arminda: I'm looking for a new job here in this city, and I am buying some clothes here. By the way, what do you think of this shirt?

Josué: Mmm… it's very pretty. And, what other clothes have you bought?

Arminda: Mmm… not many, some blouses and a few suits, because the job I'm thinking of getting is at a hotel and you know, you have to be elegant.

Josué: Haha… Yes… you are right, those jobs are very demanding in terms of dressing etiquette.

Arminda: And what are you doing?

Josué: I am a clothing store supervisor near here.

Arminda: Haha… Excellent! I know who's going to give me a discount.

Josué: Haha. I don't think so, people there don't give discounts.

Arminda: Haha relax, it's just a joke. Let's go to your shop and show me some things.

49

REPORTE DEL CLIMA
-
WEATHER REPORT

Johana: ¡Jonatán! ¿Qué es esto? ¡Se suponía que iba a haber mucho sol según el reporte del tiempo!

Jonatán: ¡Es cierto! ¿Qué pasó con el reporte del tiempo? ¡Está haciendo demasiado frio! Yo pensé que el frio para este tiempo ya habría pasado.

Johana: ¡Sí es verdad, yo también pensé lo mismo! Yo leí eso en internet esta mañana.

Jonatán: ¡Oh! ¡Mira! ¡Parece que va a llover!

Johana: ¡Mira lo que dicen ahora en la internet! ¡Que habrá mucha lluvia y con eso, mucho frío hoy!

Jonatán: Jajaja, como cambió el clima de ayer para hoy, ¿verdad? Jajaja…

Johana: Sí, bueno, vamos a entrar a la casa para no mojarnos.

Jonatán: No se te olvide llamar a tus padres para que no salgan con esta lluvia.

Johana: Sí claro, tienes razón. Mira lo que dicen por la televisión, que hoy será un día de mucho sol.

Jonatán: Jajaja. Apaguemos todo eso y vamos a dormir.

WEATHER REPORT

Johana: Jonatan! What is this? It was supposed to be very sunny according to the weather report!

Jonatan: That's true! What happened with the weather report? It's too cold! I thought that the cold would have passed by this time.

Johana: Yes it's true, I thought about that too! I read that on the internet this morning.

Jonatan: Oh, look! It seems that it's about to rain!

Johana: Look at what they are saying now in the internet! That there will be a lot of rain and, along with that, a lot of cold today!

Jonatan: Hahaha, what a change the weather has made from yesterday to today, right? Hahaha…

Johana: Yeah, well, let's get into the house to avoid getting wet.

Jonatan: Don't forget to call your parents so they don't go out with this rain.

Johana: Yes, you are right. Look at what they're saying on the television, that today will be a very sunny day.

Jonatan: Hahaha. Let's turn that off and go to sleep.

50

ORDENANDO COMIDA
–
ORDERING FOOD

Mary: Hola, buenos días, yo seré su camarera el día de hoy.

Luis: ¡Oh, muy bien gracias!

Mary: Antes de ordenar su comida, ¿puedo sugerirle una bebida?

Luis: Sí, por favor. ¿Tiene usted limonada?

Mary: Sí tenemos. Le traeré una limonada entonces. ¿Está usted listo para ordenar su comida o necesita unos pocos minutos?

Luis: Yo pienso que yo estoy listo. Yo quiero una sopa de tomate para empezar, luego pollo asado con papas fritas.

Mary: ¿Cómo usted quiere su plato? ¿En porción pequeña o grande?

Luis: Mmm... ¿Cómo es eso señorita?

Mary: En la carta le indica el tipo de porción.

Luis: Ah... entiendo. Bueno, tráigame la porción grande.

Mary: ¿Y para postre?

Luis: ¿Qué tiene para postre?

Mary: Bueno, el día de hoy tenemos gran variedad. Tenemos pastel de chocolate, pie de limón, pastel de terciopelo rojo, rollos de canela, milhojas, y brownie con helado.

Luis: Hay bastantes opciones. ¿Qué es esa milhoja?

Mary: Es un postre hecho de varias capas de hojaldre rellena de crema pastelera.

Luis: Suena delicioso. Me gustaría una milhojas y una pieza de pastel de terciopelo rojo.

Mary: Está bien, ¿pagará en cheque o efectivo?

Luis: Efectivo, señorita.

Mary: Está bien, muchas gracias. Su comida estará lista en pocos minutos.

ORDERING FOOD

Mary: Hello, good morning, I will be your waitress today.

Luis: Oh, thank you very much!

Mary: Before ordering your food, may I suggest a beverage?

Luis: Yes, please. Do you have lemonade?

Mary: Yes, we have. I will bring you lemonade then. Are you ready to order your food or do you need a few minutes?

Luis: I think I am ready. I want the tomato soup to begin, and then roasted chicken with potato chips.

Mary: How do you want your dish? A small portion or a big one?

Luis: Mmm… What do you mean?

Mary: The portion sizes are on the menu.

Luis: Ah… I understand. Well, bring me a big portion.

Mary: And for dessert?

Luis: What do you have for dessert?

Mary: Well, today we have a great variety. We have chocolate cake, lemon pie, red velvet cake, cinnamon rolls, Mille-Feuille, and brownie with ice cream.

Luis: There are many options. What is that Mille-Feuille?

Mary: It's a dessert made of several layers of puff pastry filled with custard.

Luis: Sounds delicious. I would like a Mille-Feuille and a red velvet piece of cake.

Mary: Very well, will you pay in check or cash?

Luis: Cash, lady.

Mary: Alright, thank you very much. Your food will be ready in a few minutes.

51

EN LA OFICINA DEL DOCTOR
–
AT THE DOCTOR'S OFFICE

Fernando: Buenos días señorita, por favor indíqueme su malestar.

Abigail: Bueno, tengo dolor en el oído derecho, y eso me ha provocado un terrible dolor de cabeza; sin embargo, a pesar del dolor, tenía que venir a que me revisara.

Fernando: ¿Hace cuánto tiempo que usted tiene el dolor en el oído?

Abigail: Ya tengo dos semanas con ese dolor.

Fernando: ¿Dos semanas? ¡Eso es demasiado! Por eso tiene tanto dolor, y lo del dolor de cabeza es inevitable, ya que esa parte está muy cerca de los nervios que conectan con el cerebro y es lógico que afecte esa parte.

Abigail: Si, yo lo entiendo, y usted ¿qué me recomienda que haga?

Fernando: Tengo que examinar su oído primero. Antes de proceder déjeme recetarle lo que debe hacer.

Abigail: Está bien, doctor.

Fernando: Debe comprar aspirinas para el dolor de cabeza y gotas antibióticas. Llámeme la semana que viene para ver cómo sigue.

Abigail: Está bien, doctor. Seguiré todas sus indicaciones al pie de la letra.

AT THE DOCTOR'S OFFICE

Fernando: Good day, miss, please indicate what's upsetting you.

Abigail: Well, I have a pain in my right ear which has caused me a terrible headache; however, despite the pain, I had planned to come for a check-up anyway.

Fernando: How long has it been since you started suffering from the pain in your ear?

Abigail: It's already been two weeks with this pain.

Fernando: Two weeks? That's too much! Way too much! That's why you have so much pain; the headache is inevitable, because your ear is too close of the nerves that connect your brain and it's logical that it affects that organ.

Abigail: Yes, I understand, what do you recommend me to do?

Fernando: I have to examine your ear first. Before proceeding, allow me to prescribe what you have to do.

Abigail: Alright, doctor.

Fernando: You need to buy these pills for the headache and antibiotic drops for the ear. Call me next week to see how you are doing.

Abigail: Okay, doctor. I will follow all your indications to the very detail.

52

PIDIENDO DIRECCIONES
–
ASKING FOR DIRECTIONS

Mauricio: Disculpe, buen día. ¿Podría usted indicarme en dónde está la librería?

Maritza: Buenos días, si, si sé la dirección. Debes caminar dieciséis cuadras, luego bajar por la calle Adams hacia la derecha. Luego bajar cuatro calles hacia la avenida Montoya. Allí encontrarás una zapatería en la esquina, luego cuenta tres tiendas después de esa y encontrarás la librería.

Mauricio: ¡Muchas gracias! ¿Pero no queda muy lejos esa librería?

Maritza: Sí, es lejos desde este punto, y por cierto, ¿por qué te bajaste del bus aquí si aquí te queda más lejos? O sea, tienes que caminar más.

Mauricio: El señor del autobús me dijo que me quedara aquí, que aquí cerca quedaba la librería.

Maritza: Jajaja… ay hijo. Aquí muchos de los lugareños cuando le preguntan por direcciones los mandan para otro lugar así como te acaba de pasar a ti, ¡el conductor te ha tomado el pelo!

Mauricio: ¡No puede ser! ¿De verdad?

Maritza: Jaja, sí hijo, pero no te preocupes, solo sigue la dirección que te dije y llegarás.

Mauricio: Está bien, ¡muchas gracias señora!

Maritza: No se preocupe hijo, ¡cuídate mucho!

ASKING FOR DIRECTIONS

Mauricio: Excuse me, good day. Could you indicate me where the bookstore is?

Maritza: Good day, yes, I know the address. You have to walk sixteen blocks, and then go down four streets towards Montoya Avenue. There you will find a shoe shop, after which you count four shops, where you will find the bookstore.

Mauricio: Thank you very much! But isn't the bookstore quite far?

Maritza: Yes, it is far from this point, and by the way, why did to you get off the bus here if your destination is farther from here? I mean, now you have to walk more.

Mauricio: The bus driver told me to get off here; that the bookstore was near this place.

Maritza: Hahaha... Oh son. Many locals here, when asked for directions, send them to other places like it just happened to you, the bus driver pranked you!

Mauricio: It can't be! Really?

Maritza: Haha, yes son, but don't worry, just follow the direction that I said and you will be there.

Mauricio: Okay. Thank you very much ma'am!

Maritza: Don't worry son, take care!

53

LLAMANDO POR AYUDA
-
CALLING FOR HELP

Pedro: ¡Daniela, Daniela! ¿Estás bien?

Daniela: Sí, ¿qué fue lo que pasó?

Pedro: ¡Tuvimos un accidente!

Daniela: ¿Y tú estás bien, Pedro?

Pedro: No, no lo estoy, creo que me he fracturado un brazo. ¡Me duele mucho!

Daniela: ¡Llamaré al 911 ahora mismo! ¿Hola? Quiero reportar un accidente que hemos tenido mi novio y yo en la autopista regional cerca del Centro Comercial Chaguaramos. La persona que está conmigo sufrió una fractura en el brazo derecho.

Pedro: ¿Qué dijeron, Daniela?

Daniela: Ellos van a mandar una ambulancia y a los policías ahora mismo. Dicen que llegarán en unos minutos ya que una central se encuentra cerca de aquí.

Pedro: Muy bien, pongámonos seguros y esperemos a que lleguen.

Daniela: Espera, me dijeron que no deberíamos movernos de nuestro lugar porque podemos estar más lastimados de lo que pensamos.

Pedro: ¿Estás segura de eso? ¿Y si el carro explota?

Daniela: Eso sólo pasa en las películas. Será más peligroso si nos movemos. Ya la ambulancia viene en camino. Recibiremos ayuda muy pronto.

Pedro: Está bien. No quiero que estemos aquí por mucho.

CALLING FOR HELP

Pedro: Daniela, Daniela! Are you okay?

Daniela: Yes, what just happened?

Pedro: We had an accident!

Daniela: And are you okay Pedro?

Pedro: No, I'm not. I think my arm is broken. It hurts a lot!

Daniela: I'm calling 911 right now! Hello? I want to report an accident that my boyfriend and I had at the regional highway near the Chaguaramos Shopping Mall. The person with me suffered a broken bone in his right arm.

Pedro: What did they say, Daniela?

Daniela: They are going to send an ambulance and the police right now, and they'll get here in a few minutes because their headquarters is close from here.

Pedro: Very well, let's get safe and wait for them to come.

Daniela: Wait, they told me that we shouldn't move from our place because we could be more injured than we think we are.

Pedro: Are you sure about that? What if the car blows up?

Daniela: That only happens in movies. It'll be more dangerous if we move. The ambulance is already in their way. We'll get help soon.

Pedro: Okay. I don't want to be here for too long.

54

EN LA OFICINA POSTAL
–
AT THE POST OFFICE

Lucia: Hola, muy buenos días, espero que se encuentre bien. ¿Qué puedo hacer yo por usted?

Carlos: Yo necesito enviar este paquete a la Universidad de Oxford en Inglaterra.

Lucia: Muy bien, por cuestiones de seguridad de la compañía necesitamos visualizar el contenido de la mercancía.

Carlos: Está bien, no hay problema.

Lucia: Ok como puedo ver, usted quiere enviar libros. Permítame pesar el paquete para calcular el precio del envío.

Carlos: ¿Cómo es la forma de pago?

Lucia: En dólares señor, el pago según el peso de este paquete son 10 dólares. Si prefiere el servicio exprés el cual es que el envío llegará mucho más rápido, debe pagar un extra de 10 dólares más.

Carlos: ¿Y cuál es la diferencia en días?

Lucia: Con el servicio normal llegara en aproximadamente 15 días, y con el servicio exprés llegara en un día o dos.

Carlos: Ok, pagaré el exprés entonces si llega más rápido.

Lucia: Ok señor, firme aquí e indíqueme la dirección del envío…

AT THE POST OFFICE

Lucia: Hello, good morning, I hope you are well. What can I do for you?

Carlos: I need to send this package to the Oxford University in England.

Lucia: Very well, for security reasons of the company we need to visualize the content of the goods.

Carlos: Very well, no problem.

Lucia: Okay, as I can see, you want to send books. Allow me to weigh the package to calculate the shipping price.

Carlos: What is the form of payment?

Lucia: In dollars sir, the price according to this package's weight is 10 dollars. If you prefer the express service which will allow the package to arrive sooner, you must pay an extra of 10 dollars more.

Carlos: And what is the difference in days?

Lucia: With the normal service it will arrive in approximately 15 days, but with the express service it will arrive in a day or two.

Carlos: Okay, then I will pay the express service if it arrives much faster.

Lucia: Okay sir, sign here and please indicate the shipping address...

55

TRANSPORTE
-
TRANSPORT

Miguel: ¿Nosotros deberíamos tomar un bus o un taxi para ir al centro comercial?

Rosa: Vamos a tomar un taxi, es imposible tomar un bus a esta hora. No quedaría espacio para subirnos.

Miguel: Mira los taxis. Hasta ellos vienen llenos. ¿Qué haremos Rosa?

Rosa: Mmm... Ah, ya sé, vamos a caminar hasta la siguiente parada de autobús. Puede que allí sea posible tomar un taxi libre, o un autobús si viene vacío.

Miguel: ¿Qué? ¿Hasta la siguiente parada? ¡Eso queda muy lejos!

Rosa: Vamos, la siguiente parada está allí mismo. A propósito, ¿trajiste dinero para el taxi verdad?

Miguel: Si claro, aquí lo tengo. ¡Allá esta la parada!

Rosa: ¿Es esa una parada de autobús?

Miguel: Sí claro, así es.

Rosa: Mmm… yo no lo creo, además mira, las personas están esperando allá más adelante, no aquí, tú lo que no quieres es caminar.

Miguel: Jaja así es, vamos hacia allá. Creo que ahí si seremos capaces de tomar un taxi o un bus.

TRANSPORT

Miguel: Should we take a bus or a taxi to go to the shopping mall?

Rosa: Let's take a taxi; it's impossible to catch a bus at this hour. There wouldn't be any space left for us to get onto the bus.

Miguel: Look at the taxis. Even they are full. What do we do now, Rosa?

Rosa: Mmm... Ah, I know, let's walk to the next bus stop. It might be possible to take a taxi there or a bus if it comes empty.

Miguel: What? To the next stop? That's so far away!

Rosa: Come on, the next stop is right there. By the way, you did bring money for the taxi, right?

Miguel: Yes, sure, here I have it. The stop is over there!

Rosa: Is that a bus stop?

Miguel: Yes of course it is.

Rosa: Mmm... I don't think so, also look, people are waiting down the road, not here, you just don't want to walk.

Miguel: Haha that's right, let's go there. I think we will be able to catch a taxi or bus.

¿QUÉ EDAD TIENES?

-

HOW OLD ARE YOU?

Elizabeth: Yo estoy realmente emocionada por la fiesta sorpresa que le tenemos a mi tía por su cumpleaños.

Pablo: Tranquilízate. A propósito, ¿cuantos años cumplirá tu tía?

Elizabeth: Ella cumplirá 55 el martes 14 de este mes.

Pablo: Jajaja, pasado mañana. Yo no sabía que ella fuese tan vieja.

Elizabeth: Jaja sí, algo.

Pablo: ¿Vendrán tu mama y tus otras tías?

Elizabeth: Sí, por supuesto, ellas son las que tienen la principal sorpresa para mi tía, claro según ellas, ya que ni a mí me quieren decir, ¡pero debe ser algo impresionante! No olvides decirle a tu mama que venga.

Pablo: No lo voy a olvidar en absoluto, ¿y sobre la comida?

Elizabeth: Mmm… De eso se encargará una de mis tías. Me dijo que traerá una torta de tres pisos, arroz con pollo, y muchas botanas.

Pablo: Guao… Eso será impresionante entonces.

Elizabeth: ¡Sí! Así es. ¡No te lo puedes perder!

Pablo: Allí estaré. Cuídate mucho, ¡nos vemos este martes que viene en la fiesta!

HOW OLD ARE YOU?

Elizabeth: I am really excited for the surprise birthday party that we have in store for my aunt.

Pablo: Calm down. By the way, how old is your aunt?

Elizabeth: She will be 55 the 14th of this month.

Pablo: Hahaha, in two days. I didn't know that she was so old.

Elizabeth: Haha yes, a bit.

Pablo: Will your mom and other aunts come?

Elizabeth: Yes of course, they are the ones who have the main surprise for my aunt, according to them as they don't want to even tell me, but it must be something impressive. Don't forget to tell your mom to come.

Pablo: I'm not going to forget it at all, and what about the food?

Elizabeth: Mmm... About that, one of my aunts is going to take care of that. She said to me that she will bring a three floor cake, rice and chicken, and a lot of snacks.

Pablo: Wow... Then that will be impressive.

Elizabeth: Yes! That's right. You can't miss it!

Pablo: I'll be there. Take care of yourself, see you this next Tuesday at the party!

57

EN EL CINE

–

AT THE CINEMA

Esteban: Ya tengo las entradas para el cine, Marta.

Marta: Que bueno Esteban, ¿nos podremos sentar juntos? Te lo digo por los otros muchachos.

Esteban: Sí, claro que sí podremos.

Marta: ¿Y qué película veremos?

Esteban: El amanecer de los muertos, amiga mía.

Marta: Ugh, tú y tus películas de terror, sabes que me da mucho miedo.

Esteban: Jajaja sí, lo sé. Pero es que los otros muchachos también decidieron que la mejor opción era ese género.

Marta: ¿Y quiénes van al cine?

Esteban: Irá Beatriz, Mauricio y Cristian.

Marta: Mmm no creo que haya problema con eso, con tal y todo no termine como la última vez.

Esteban: No te preocupes, no sucederá eso, te paso buscando en 10 minutos por tu casa, ¿sí?

Marta: No estoy en mi casa. Estoy en casa de mi mamá.

Esteban: Está bien, voy para allá.

AT THE CINEMA

Esteban: I finally have the tickets for the movie Marta.

Marta: That's good, Esteban. Can we sit together? I'm telling you because of the other guys.

Esteban: Yeah, sure we can.

Marta: And what movie will we watch?

Esteban: Dawn of the Dead, my friend.

Marta: Ugh, you and your terror movies, you know that they scare me a lot.

Esteban: Hahaha, yes I know. But it's because the other guys also decided that the best choice was that genre.

Marta: And who is going to the cinema?

Esteban: Beatriz, Mauricio and Cristian are going.

Marta: Mmm, I don't think there will be any problem with that, as long as it doesn't end like the last time.

Esteban: Don't worry, that won't happen. I will pick you up in 10 minutes at your house, yes?

Marta: I am not at my home. I am at my mom's house.

Esteban: Okay, I am going there.

¿CUÁL ES TU DEPORTE FAVORITO?

-

WHAT'S YOUR FAVORITE SPORT?

Antonio: ¿A qué hora es el partido de futbol? Yo creo que eso fue al medio día.

Beatriz: Nosotros debemos haber visto o escuchado mal la hora, pero no importa, por lo menos en mi caso. Yo prefiero el voleibol.

Antonio: ¿El voleibol? ¿Qué tiene de interesante el voleibol?

Beatriz: Es un mejor deporte y que por lo general lo juegan las mujeres, no como el futbol, todos detrás de un balón.

Antonio: Jajaja, ¿y el voleibol no es lo mismo? ¿Las mujeres detrás de un balón para evitar que éste toque el suelo?

Beatriz: Sí, pero es más estratégico y motivado, y que no requiere de correr como el futbol.

Antonio: Sí, es verdad, pero si se realizara una encuesta, entre a quien le gusta más el futbol o el volibol, ¿cuál ganaría?

Beatriz: Por supuesto que el futbol. Porque es un deporte que se practica mucho más que los demás.

Antonio: Así es, así que espero no discutamos más acerca de que deporte es mejor, jaja.

WHAT'S YOUR FAVORITE SPORT?

Antonio: At what time is the football game? I think it was at midday.

Beatriz: We must have seen or heard the wrong hour, but it doesn't matter, at least in my case. I prefer volleyball.

Antonio: Volleyball? What's interesting about volleyball?

Beatriz: It's a better sport and in general is played by women, not like football, everybody running behind a ball.

Antonio: Hahaha, and isn't volleyball the same thing? Isn't it a bunch of women behind a ball to avoid it htting the floor?

Beatriz: Yes, but it's more strategic and motivated, and it doesn't require running like in football.

Antonio: Yes, that's true, but if a survey was made of what people enjoy more between either football or volleyball, who would win?

Beatriz: Of course it would be football, because it's a sport that is practiced much more than all the others.

Antonio: That's right, so I hope we don't discuss about which sport is better anymore, haha.

59

EN LA TIENDA DE ANIMALES
-
AT THE PET STORE

Luisana: Oh, ¡mira que hermosísimo gato! ¿Qué piensas tú, Moisés?

Moisés: Yo pienso que es mejor seleccionar un perro. Los perros son mejores que los gatos.

Luisana: Sí es verdad, pero los perros dan mucho trabajo. ¿Te levantarías tu temprano todos los días, sacarlo a pasear y luego limpiar cuando haga sus cosas?

Moisés: Mmm, buen punto. ¿Qué piensas de un pájaro o un pez?

Luisana: ¡Nosotros ya hemos invertido mucho en cosas para un gato! Ahora no podemos decidirnos por pez o un pájaro.

Moisés: Mmm, es obvio que nosotros no estamos preparados para tener una mascota en este momento.

Luisana: Si tienes razón, pero de todas maneras tendríamos que pensarlo mejor, ¿no crees?

Moisés: Sí, estas en lo correcto. Vamos a comer algo y beber algo de café y lo conversamos.

AT THE PET SHOP

Luisana: Oh, look at that gorgeous cat! What do you think Moises?

Moisés: I think it's better to choose a dog. Dogs are better than cats.

Luisana: That is true but dogs give a lot of work. Would you wake up early every day, take it out for a walk and clean when it does its business?

Moisés: Mmm, good point. What do you think of a bird or a fish?

Luisana: We have already invested a lot of money in cat things! Right now we can't choose a fish or a bird.

Moisés: Mmm, it's obvious that we aren't ready to get a pet at this moment.

Luisana: Yes, you are right, but anyway we need to think this through better, don't you think?

Moisés: Yes, you're right. Let's go eat something and drink coffee and we talk about it.

60

DANDO UNA OPINIÓN
–
OFFERING AN OPINION

Wilmer: ¿Dónde deberíamos ir a vacacionar este año? Tenemos que decidir pronto.

Ana: Bueno, a mí me gustaría en un lugar que sea caluroso, ¿Qué tal la playa? ¿O qué te parece si nosotros alquilamos un bote en el lago? Eso también sería una buena opción.

Wilmer: ¿Tú quieres ir a la playa otra vez? Yo quiero esquiar en una montaña nevada. ¿Qué pasó con la promesa? ¿Qué paso con viajar a los Alpes en Europa el siguiente Abril?

Ana: Oh… pero nosotros ya hemos ido a Europa antes. Pero yo no sé si estará soleado o con mucha lluvia. Necesitamos investigar bien sobre eso.

Wilmer: Si, está bien, ¿y que dicen tus padres al respecto?

Ana: Ellos van a viajar a Nueva York, ya que no quieren ni ir a la playa ni a Europa.

Wilmer: Jajaja, entonces ¿nos libraremos de ellos en estas vacaciones?

Ana: Jajaja, al parecer sí, pero igual hay que estar seguros.

Wilmer: Entonces, ¿A dónde vamos? Alemania, ¿te parece?

Ana: Si, es un buen país. Además de que disfrutaremos de las salchichas alemanas y la nieve.

OFFERING AN OPINION

Wilmer: Where should we go on vacations this year? We need to decide soon.

Ana: Well, I would like to go to a hot place. What about the beach? Or what do you think if we rent a boat at the lake? That would also be a good option.

Wilmer: Do you want to go to the beach again? I want to ski on a snowy mountain. What happened with our promise? What happened with travelling to the Alps in Europe next April?

Ana: Oh... but we have already gone to Europe before. But I don't know whether it will be sunny or very rainy. We need to research that properly.

Wilmer: Yeah, alright, and what do your parents say about that?

Ana: They are going to travel to New York because they don't want to go to the beach nor Europe.

Wilmer: Hahaha, so are we getting rid of them this vacation?

Ana: Hahaha, apparently yes, but we still have to be sure.

Wilmer: Then where are we going? What do you think about Germany?

Ana: Yes, it's a nice country. Also we will enjoy German sausages and snow.

61

PASATIEMPOS

-

HOBBIES

Nilson: Yo estoy feliz de que los exámenes a mitad de semestre hayan finalizado.

Elsy: Lo mismo digo, Nilson, ya era hora de un descanso. Yo estoy buscando un lugar para descansar, no sé, en las montañas este fin de semana. Yo quiero planear un pequeño campamento en el bosque como siempre lo he hecho ya que es parte de uno de mis pasatiempos, y luego voy a tomar una canoa rio abajo si el clima coopera, por supuesto.

Nilson: Oh, que divertido, yo pienso ir al Santo Ángel con mi cámara, ya que me dicen que hay una excelente vista desde allí, ¡que puedes ver muchos kilómetros! ¡Y la cascada es impresionante!

Elsy: ¿Por qué no vienes conmigo a la montaña? La pasaremos muy bien.

Nilson: Jajaja, me encantaría. Pero mi espíritu aventurero no es como el tuyo.

Elsy: Jajaja no digas eso, todos tenemos un espíritu aventurero por dentro. Solo necesita el momento adecuado, ¿no crees?

Nilson: Sí, tienes razón.

Elsy: Sólo necesito motivarte para que descubras que podrás tener otros pasatiempos además de tomar fotografías.

HOBBIES

Nilson: I'm happy that mid-term tests are over.

Elsy: I think the same Nilson; it was about time we were given a rest. I am looking for a place to rest, I don't know, perhaps at the mountains this weekend. I want to plan a small camp at the forest as I have always done because it's part of my hobbies, and then I am going to take a canoe down river if the weather cooperates, of course.

Nilson: Oh, how fun, I think I'm going to Salto Angel with my camera, because people tell me that there's an excellent view there. That you can see many kilometers in every direction and that the falls are impressive!

Elsy: Why don't you come with me to the mountain? We'll have a great time.

Nilson: Hahaha, I'd love to, but my spirit of adventure is not like yours.

Elsy: Hahaha, don't say that, we all have an adventurer's spirit within. It just needs the right moment to reveal itself, don't you think?

Nilson: Yes, you are right.

Elsy: I just need to motivate you so that you can discover that you have other hobbies besides taking photographs.

62

DESAFÍOS
-
CHALLENGES

Peter: Laura, me gustaría saber ¿cuál es el mayor desafío que conoces personalmente?

Laura: Bueno, por dónde empiezo: el mayor desafío para mí es el de ser docente ya que muchas personas hablan de que la educación es fácil, pero por falta de información las personas dicen cosas que no son ciertas.

Peter: Eso es cierto. Tratar con estudiantes, ya sean niños, adolescentes o adultos, no es nada fácil, mas en esos lugares donde tienes que atender entre treinta y treinta y cinco estudiantes, ¿te imaginas?

Laura: Sí, suena algo imposible, pero todo es posible.

Peter: Sí es así, tienes razón.

Laura: ¿Y para ti, Peter?

Peter: Ser oficial de policía. Ellos siempre arriesgan sus vidas por la seguridad de todos.

Laura: Sí así es, Peter. Desafíos en la vida son lo que sobran, pero ser constante nos ayuda a superarlos.

Peter: Bueno Laura, sigue adelante para superar tus desafíos. Yo sé que tú puedes.

Laura: Gracias amigo, besos, cuídate mucho.

CHALLENGES

Peter: Laura, I would like to know, what is the biggest challenge you personally know of?

Laura: Well, where do I begin? The biggest challenge for me is to be a teacher because many people talk about how easy education is, but due to a lack of information people say things that are not true.

Peter: That is true. Dealing with students, whether it's children, teenagers or adults, is not an easy task, even more so in those places where you have to take care of between thirty to thirty-five students, can you imagine that?

Laura: Yes, it sounds kind of impossible, but everything is possible.

Peter: Yes, you are right.

Laura: And how about you, Peter?

Peter: Being a police officer. They always risk their lives for everybody's safety.

Laura: Yes, that's right Peter. There is a surplus of challenges, but being determined helps us to overcome them.

Peter: Well Laura, keep fighting to overcome your challenges. I know you can do it.

Laura: Thank you, friend. Kisses, and take care of yourself.

63

CELEBRACIONES
-
CELEBRATIONS

Richard: ¡Ya es diciembre y llega la navidad Megan! ¿Cuáles son tus planes para estos días?

Megan: ¡Sí, es maravilloso! Más que todo porque necesitaba vacaciones; estoy muy cansada. Y mis planes en este momento son de descansar, ¿y los tuyos Richard?

Richard: Bueno, mi primer plan es preparar la cena navideña con mi familia para el veinticuatro y el treintaiuno. Mi esposa es venezolana, así que ella me enseñará a preparar hallacas, pernil y pan de jamon.

Megan: Se me había olvidado prepararme para hacer la cena navideña en familia. Y una cena navideña Venezolana suena muy interesante. ¿Qué es una hallaca?

Richard: Es una especie de tamal cubierto por hojas de banano. Los he probado un par de veces y son más deliciosos de lo que puedo describir.

Megan ¡Increíble! Debes darme a probar una.

Richard: Estás de suerte, porque haremos docenas para comer y compartir con amigos y vecinos.

Megan: Eso espero. ¿Y ya saliste de vacaciones?

Richard: Sí, ya estoy de vacaciones. Voy a ir a Texas unos días.

Megan: Yo voy a California. Si gustas, vamos al aeropuerto a comprar los boletos juntos.

Richard: Sí, seguro, excelente idea.

Megan: ¿Podrás acompañarme mañana?

Richard: Sí, mañana voy y conversamos más relajados mientras compramos nuestros boletos.

Megan: Está bien amigo. Te veo mañana.

CELEBRATIONS

Richard: It's December already, and Christmas is coming! What are your plans for these days?

Megan: Yes, it's wonderful! More than everything because I needed some vacations. I am very tired. Also, my plans right at this moment are resting; what about yours, Richard?

Richard: Well, my first plan is to prepare a Christmas dinner with my family and have it ready for the 24th and 31st. My wife is Venezuelan, so she'll teach me to prepare hallacas, pork shoulder and ham bread.

Megan: I had forgotten about getting ready to make the Christmas dinner in family, and a Venezuelan Christmas dinner sounds very interesting. What is an Hallaca?

Richard: It's a type of tamale covered with banana leaves. I have tasted them a couple of times before and they are more delicious that I can describe.

Megan: Incredible! You must give me one to taste it.

Richard: You are lucky because we will make dozens of them to eat and to share with friends and neighbors.

Megan: I hope so. And are you enjoying your holidays already?

Richard: Yes, I already booked my holidays. I think I'm going to Texas for a few days.

Megan: I'm going to California. If you want, we can go to the airport together to buy the tickets.

Richard: Yes sure, excellent idea.

Megan: Could you go with me tomorrow?

Richard: Yes, I will go tomorrow and talk in a more relaxed manner while we buy our tickets.

Megan: Okay, friend. See you tomorrow.

64

PROGRAMAS DE TV
-
TV PROGRAMS

Robert: Pamela, ¿Qué tipo de programas en la televisión te gusta?

Pamela: De todo un poco, como por ejemplo las novelas, y programas donde hay que pensar y usar la agilidad mental, eso me encanta.

Robert: ¿Y por qué te gustan esos tipos de programas?

Pamela: Porque así aprendo culturas y costumbres de muchos países.

Robert: Sí claro, tienes razón, ese tipo de programa si vale la pena ya que es algo educativo. Y, ¿porque las novelas?

Pamela: Jajaja porque me gusta ver el romance y el odio a la vez, así como la intriga de saber qué pasara luego.

Robert: A mí no me gustan porque casi todas las historias son el mismo cliché. Aunque hay algunas que me gustan, son pocas porque la mayoría son sobreactuadas y las tramas son confusas y rebuscadas.

Pamela: Pero la vida real también puede ser compleja y obtusa. Igual entiendo tu punto.

Robert: Respeto tus gustos, Pamela. Tal vez un día veamos juntos una novela de tu elección.

Pamela: Perfecto. Buscaré una que crea que te pueda gustar y la vemos juntos.

TV PROGRAMS

Robert: Pamela, what kind of TV programs do you like?

Pamela: A little bit of everything, for example soaps and programs where you have to think using mental agility, I love that.

Robert: And why do you like those kinds of programs?

Pamela: Because that way I learn about cultures and customs from other countries.

Robert: Yes, you're right, that kind of program is worth it because it's somewhat educative. And why soaps?

Pamela: Hahaha, because I like to watch romance and hate at the same time, as well as the thrill of wanting to know what will happen next.

Robert: I don't like them because almost all the stories are the same cliché. Although there are some that I like, most are overacted and their plots are confusing and contrived.

Pamela: But real life can be complex and obtuse as well. Still, I get your point.

Robert: I respect your tastes, Pamela. Maybe one day we will watch a soap of your choice.

Pamela: Perfect. I will seek one that I think you could like and we will watch it together.

65

¡DEPORTES PELIGROSOS!
-
DANGEROUS SPORTS!

Susan: Richard, yo estoy segura de que a tí te gustan los deportes extremos y peligrosos.

Richard: Sí, así es. ¿Cómo sabes eso?

Susan: Me lo imaginé. ¿Cómo te sientes cuando te imaginas que realizarás un deporte peligroso?

Richard: Mmm, algo emocionado. Una mezcla de estar feliz y nervioso, pero más feliz…

Susan: Jaja, entiendo ¿hace cuánto que practicas deportes extremos o peligrosos?

Richard: Hace ya 5 años, me gusta mucho.

Susan: ¿Alguna vez has practicado ese deporte, y muy peligroso que es, que consiste en lanzarse de un puente con los pies atados?

Richard: Jaja, se llama salto bungee y me fascina. Incluso hay personas que sienten tanto nerviosismo que pierden el conocimiento antes de llegar a donde termina la cuerda.

Susan: ¿Y la cuerda la revisan?

Richard: Jaja sí, cada vez que alguien se va a lanzar es revisada, o incluso cada persona tiene su propia cuerda, para no confiarse de la cuerda de alguien más. Bueno, espero te haya servido de mucho esta información.

DANGEROUS SPORTS!

Susan: Richard, I am very sure that you like extreme and dangerous sports.

Richard: Yes, that's right. How do you know that?

Susan: I figured. How do you feel when you imagine yourself practicing a dangerous sport?

Richard: Mmm somewhat excited. A mixture of being happy and nervous, but mostly happy …

Susan: Haha, I understand. How long have you been practicing dangerous and extreme sports?

Richard: It has been 5 years already; I like it a lot.

Susan: Have you ever practiced that sport, as dangerous as it is, consisting in throwing yourself off a bridge with your feet tied?

Richard: Haha, it's called bungee jump and I'm fascinated by it. There are even people who will lose consciousness before reaching the end of the rope out of sheer nervousness.

Susan: And do they check the rope?

Richard: Haha yes, it is checked every time someone is going to jump, or each person has their own rope to avoid trusting in the one belonging to somebody else. Well I hope this information had been of help.

66

EVITANDO ACCIDENTES
-
AVOIDING ACCIDENTS

Sarah: Roberto necesito que me ayudes con un ensayo acerca de cómo prevenir accidentes.

Roberto: Ok, te ayudaré en lo que pueda.

Sarah: Un punto que el profesor quiere que toque, es cuando salimos en bicicleta.

Roberto: Mmm... Interesante. Bueno lo primero que debes tener en cuenta es siempre utilizar un casco.

Sarah: Sí claro, buen punto. Otro sería verificar si todo está bien en la bicicleta ¿verdad?

Roberto: Por supuesto, todo debe estar en orden porque que desde algo tan pequeño como un tornillo puede causar un gran accidente.

Sarah: Mirar a los lados, por los carros.

Roberto: Si, claro, y también evitar hablar por teléfono mientras manejas tu bicicleta.

Sarah: Tienes razón, y muchas personas lo hacen hasta conduciendo autos a alta velocidad.

Roberto: También es muy importante no exceder el límite de velocidad, y en vez de casco, los pasajeros deberían llevar cinturones de seguridad.

Sarah: Eso es correcto. Te agradezco toda la ayuda que me has dado, Roberto.

Roberto: La verdad tú estás mejor informada de lo que pensabas, pero espero que mi punto de vista te sirva para tu ensayo.

AVOIDING ACCIDENTS

Sarah: Roberto I need you to help me with an essay about how to prevent accidents.

Roberto: Okay, I will help you with everything I can.

Sarah: One of the points that the professor wants us to research is when we go out on a bicycle.

Roberto: Mmm... Interesting. Well the first thing that you have to take into account is always using a helmet.

Sarah: Yes, of course, good point. Another would be verifying if everything is fine with the bicycle, right?

Roberto: Of course, everything must be in order because something as small as a screw can cause a big accident.

Sarah: Look around, because of the cars.

Roberto: Yes, right, and also avoid speaking on the phone while you ride your bicycle.

Sarah: You are right, and many people do it even while driving cars at high speed.

Roberto: It's also very important not to exceed the speed limit, and instead of a helmet, the passengers should wear safety belts.

Sarah. That's correct. Thank you for all the help that you've given me, Roberto.

Roberto: Truth be told you are better informed than you thought, but I hope my point of view is helpful for your essay.

¡VAMOS DE EXCURSIÓN A EGIPTO!
-
LET'S GO ON A TRIP TO EGYPT!

Cristian: Oh... ¡mira ese camello Valentina! ¡Es algo maravilloso!

Valentina: Sí, es un animal muy bonito, vamos a montarnos y comenzar el tour.

Cristian: ¿Veamos las pirámides, por favor?

Valentina: Sí, está bien. Pero lleva mucha agua, ya que hace bastante calor.

Cristian: ¡Mira esa pirámide!

Valentina: ¡Guao, que increíble! Y mira el tamaño, se ve mucho más grande que en televisión o en internet.

Cristian: Entremos, Valentina.

Valentina: Bueno pero sólo un momento, ya que esos lugares me dan miedo ya que la mayoría son tumbas o se usaron para ejecutar personas.

Cristian: Mira la escritura, ¿no es algo impresionante? Ahora me doy cuenta por que muchas personas se emocionan al ver esto, ¡es algo único!

Valentina: Sí bueno, ya está bien. Ahora salgamos de aquí y vamos a otro lugar, ya que como te dije estos lugares no me gustan.

LET'S GO ON A TRIP TO EGYPT!

Cristian: Oh… Look at that camel, Valentina! It's something wonderful!

Valentina: Yes, it's a very cute animal, let's mount it and begin the tour.

Cristian: Let's watch the pyramids, please?

Valentina: Yes, okay. But take a lot of water because it's very hot.

Cristian: Look at that pyramid!

Valentina: Wow, how incredible! And look at the size; it looks much bigger than on television or the internet.

Cristian: Let's go in, Valentina.

Valentina: Okay, but just for a moment as I am scared of these places because most of them are tombs or were used to execute people.

Cristian: Look at the writing, isn't that impressive? Now I realize why so many people get excited when seeing this. It's something unique!

Valentina: Yeah, well, that's enough. Now let's get out of here and go to another place: as I told you, I don't like these places.

68

PRACTICANDO DEPORTES
-
PRACTICING SPORTS

Cristina: Hola Rubén, ¿cómo estás? Vamos a jugar hockey, ¿te gustaría?

Ruben: Si, vamos. Conozco una pista de hielo muy buena.

Cristina: Pero, ¿tu tienes los implementos necesarios para jugar?

Ruben: Jaja, no entiendo, me invitas y no tienes lo necesario para jugar.

Cristina: Sí, tienes razón, pero se ve muy divertido.

Ruben: Sí, Cristina, sí tengo el equipo necesario. Pero ¿has patinado antes?

Cristina: No, no lo he hecho.

Ruben: Mmm… Entonces en vez de jugar hockey, ¿por qué no mejor te llevo y te enseño lo básico?

Cristina: Sí, bueno, tú me enseñas poco a poco ¿sí? ¿Comenzamos hoy mismo?

Ruben: No hay problema. Te puedo prestar el equipo y enseñarte sobre cómo mantener el balance y cómo desplazarte. También necesitarás casco y rodilleras, porque podrías caer y fracturarte un hueso.

Cristina: No sabía que sería tan peligroso.

Ruben: Si tomas las precauciones, es muy seguro. Y una vez que tengas lo más fundamental, podremos empezar a practicar hockey, ¿te parece?

Cristina: ¡Me encantaría! Está bien, me enseñas poco a poco y luego me dices como se mueve esa cosa negra que usan en vez de pelota.

Ruben: ¿Te refieres al disco? Bien, hay que enseñarte más de lo que pensaba, pero veo potencial en tu entusiasmo.

PRACTICING SPORTS

Cristina: Hello Ruben, how are you? Let's play hockey, would you like that?

Ruben: Yes, let's go. I know a very good ice rink.

Cristina: But, do you have the necessary equipment to play with?

Ruben: Haha, I don't understand, you are inviting me but you don't have the gear to play.

Cristina: Yes, you are right, but it looks like a lot of fun.

Ruben: Yes, Cristina, I have the needed equipment. But have you ever even skated before?

Cristina: No, I haven't.

Ruben: Mmm… Then instead of playing hockey, why don't I take you there and teach you the basics?

Cristina: Yeah well, you teach me little by little, right? Will we begin today?

Ruben: There's no problem; I can lend you the quipment and teach you how to keep you balance and how to move. You will also need a helmet and kneepads, because you could fall and break a bone.

Cristina: I didn't know it could be so dangerous.

Ruben: If you take precautions, it's quite safe. And once you get the most fundamental lessons, we can begin to practice hockey. What do you think?

Cristina: I'd love to! Very well, you teach me bit by bit and then you tell me how to move that black thing that you use instead of a ball.

Ruben: You mean the puck? Okay, there's more to teach you tan i previously thought, but I can see potential in your enthusiasm.

69

VISITANDO LUGARES
–
VISITING PLACES

Sam: Oye, vamos a hacer un tour ¿te parece? Aprovechando que la empresa me dará unos días libres.

Miriam: Puede ser. ¿A dónde quieres ir?

Sam: Quiero visitar la torre inclinada de Pisa. Siempre me ha dado curiosidad como esa torre se ha mantenido así, y a pesar la historia y las fotos por internet, quisiera verla en persona.

Miriam: Hahaha sí, debe ser muy bonito estar allí y admirar dicho monumento. También podemos ver el coliseo romano, ¿pero y quién costeará todo eso?

Sam: Yo lo haré, no te preocupes.

Miriam: Está bien, comencemos los preparativos.

Sam: Le puedes decir a tu mama que nos acompañe. Así sale de casa para conocer lugares nuevos.

Miriam: Sí, ¿por qué no? Me hace sentir mal verla en casa todo el día.

Sam: Yo estoy pensando en decirles a mis padres aunque creo que ellos tienen otros planes.

Miriam: Coméntales la idea, así pasamos un momento diferente todos juntos.

Sam: Está bien. Estamos en contacto, Miriam. Vamos a planificar para irnos la semana que viene.

VISITING PLACES

Sam: Hey, let's go on a tour, what do you think? I'm taking advantage of the fact that the company is giving me some days off.

Miriam: Sure, maybe. Where do you want to go?

Sam: I want to visit the Leaning Tower of Pisa. I have always been curious on how that tower has kept itself upright like that, and despite history and photos, I would like to see it in person.

Miriam: Hahaha, yes, it must be very nice to be there and admire the monument in person. We can also go to the Roman Coliseum, but who is going to pay for all that?

Sam: I will, don't worry.

Miriam: Okay, let's begin the arrangements.

Sam: You can tell your mom to join us. That way she gets out of home and sees new places.

Miriam: Yes, why not? It makes me feel bad to see her at home all day.

Sam: I am thinking about telling my parents, although I think they have other plans.

Miriam: Tell them your idea; that way we'll all have a different experience together.

Sam: Alright. Let's keep in touch, Miriam. Let's plan to go next week.

70

TRABAJOS PELIGROSOS
-
DANGEROUS JOBS

Tom: Bárbara, tengo una encuesta sobre trabajos peligrosos y necesito que me ayudes.

Barbara: Muy Bien, ¿en qué te puedo ayudar?

Tom: ¿Cuáles son los trabajos más peligrosos que tú conoces?

Barbara: Mmm... Déjame pensar... Bueno, por ejemplo ser oficial de policía o constructor en los edificios altos.

Tom: Mmm muy bien, ¿qué puedes tú decirme sobre ser policía?

Barbara: Bien, el trabajo es peligroso porque es resguardar la seguridad de las personas, y porque pueden ser agredidos o perseguidos por el odio de los delincuentes hacia ellos.

Tom: Que terrible suena eso, y referente a las personas que construyen edificios, los cuales en este caso, les llaman rascacielos, ¿no?

Barbara: Sí, bueno, el peligro de ese trabajo es que muchas personas se han resbalado y caído hacia el vacío, causando una muerte instantánea por la altura. No es recomendable para personas que sufren de miedo, y deben estar muy seguros de donde pisan.

Tom: Los peligros que se exponen esas personas. No me gustaría un trabajo así, no, para nada.

Barbara: Espero te haya servido la información para tu encuesta y no dudes en avisarme para ayudar en lo que pueda en un futuro.

DANGEROUS JOBS

Tom: Barbara, I have a survey about dangerous jobs and I need you to help me.

Barbara: Very well, in what can I help you?

Tom: Which are the most dangerous jobs that you know?

Barbara: Mmm… Let me think… Well, for example working as a police officer or a worker on a tall building.

Tom: Mmm very well, what can you tell me about being a police officer?

Barbara: Well, the job is dangerous because it is about protecting other people and because they can be attacked or chased by spiteful criminals.

Tom: That sounds terrible, and what about the people who work on buildings, which in this case, are called skyscrapers, aren't they?

Barbara: Yeah, well, the danger of that job is that many people have slipped and fallen, causing instantaneous death by the amount of meters. It's not recommended for people who suffer from fear of heights, and they must be very sure to watch their step.

Tom: The dangers that these people expose themselves to isn't something I'd like to go through at all.

Barbara: I hope the information was of help for your survey and don't hesitate to notify me to help in whatever I can in the future.

71

HABLANDO SOBRE LAS MARAVILLAS DEL MUNDO

–

TALKING ABOUT THE WORLD'S WONDERS

Tommy: Mayra, si fueras jurado para seleccionar maravillas del mundo, ¿cuáles seleccionarías?

Mayra: Mmm... Bueno, muchos lugares son muy bonitos y hermosos, pero hay que tomar en cuenta la antigüedad, la forma y lo que representa. Yo diría la Muralla China, por la cantidad de kilómetros que tiene; y en lo histórico, se realizó para formar una especie de barrera en el tiempo de guerra. ¿Y tú, Tommy?

Tommy: Yo votaría por el Cristo Redentor en Brasil ya que es como su protector, y porque es una figura tomada a imagen de Cristo.

Mayra: Mmm... Es cierto, también están las cataratas del Niágara. Además de ser la cascada más grande del mundo, es considerada para muchos un sitio romántico y en el cuál se realizan matrimonios.

Tommy: Si verdad, eso me gusta, ¿y qué sobre el Machu Picchu?

Mayra: ¿Esa es la ciudad perdida, verdad?

Tommy: Sí, así es, la ciudad perdida.

Mayra: ¿Y el Taj Mahal?

Tommy: Cierto, para muchos es un templo, pero lo que muchos no saben es que fue un acto de amor a la esposa del emperador musulmán Shah Jahan.

Mayra: ¡Que romántico! Es muy divertido conversar sobre este tema. Deberíamos hacerlo más a menudo.

Tommy: Si, me parece genial compartir información.

TALKING ABOUT THE WORLD'S WONDERS

Tommy: Mayra, if you were selected as jury to choose the world's wonders, which ones would you choose?

Mayra: Mmm… Well, many places are pretty and beautiful, but I have to take in account its age, form and what it represents. I would say the Great Wall of China because of the amount of kilometers it has in length, and history-wise, it was made to form some sort of barrier during warring times. How about you, Tommy?

Tommy: I would vote for Christ the Redeemer in Brazil as he is somewhat like their protector, and because it's a figure created from the image of Christ.

Mayra: Mmm… That's right, but there are also the Niagara Falls. Aside from being the biggest falls in the world, they are considered by many as a romantic place in which many marriages are performed.

Tommy: Yes that's true, I like that, and what about Machu Picchu?

Mayra: Is that the lost city?

Tommy: Yes, it's the lost city.

Mayra: And the Taj Mahal?

Tommy: It's true that for many the Taj Mahal is just a temple, but few know it was an act of love towards the wife of Emperor Shah Jahan.

Mayra: How romantic! It's really fun to talk about this topic. We should do this more often.

Tommy: Yes, I think it's great to share information.

72

ANIMALES

–

ANIMALS

Tim: Hola Johanna, estaba viendo un documental de animales y me llamó mucho la atención, así que se me ocurrió que me gustaría saber tu opinión al respecto. ¿Te gustan los animales?

Johanna: Sí, mucho. Casi todos los animales me gustan.

Tim: ¿Qué animales no te gustan?

Johanna: Mmm, el zorrillo es uno de ellos. El animal es bonito, pero como mecanismo de defensa, como ya sabes, libera un olor desagradable que así te bañes, queda en tu cuerpo. Es horrible. Ya me ocurrió.

Tim: ¿Dónde te ocurrió eso?

Johanna: Eso sucedió cuando estaba en Florida. Estaba de campamento con mi familia. Estaba explorando una ladera de la montaña; cuando me percaté del zorrillo ya había liberado su olor y me di cuenta de que tenía su cueva en el costado de la roca en la que estaba descansando. Fue horrible ese momento.

Tim: Sí, me lo imagino, y ¿fue divertido estar allá?

Johanna: Bueno, aparte de ese momento, si me gustó mucho.

Tim: Jajaja, bueno gracias por esta conversación, me encantó verte Johanna.

Johanna: Igualmente Tim, cuídate mucho.

ANIMALS

Tim: Hello Johanna, I was watching a documental of animals and it attracted my attention, so it occurred to me that I would like to know your opinión about it. Do you like animals?

Johanna: Yes, a lot. I like almost all animals.

Tim: What animals don't you like?

Johanna: Mmm, the skunk is one of them. The animal is cute, but as a defense mechanism, as you may know, releases a nasty smell that remains on your body even if you take a bath. It's horrible and already happened to me once.

Tim: Where did that happen?

Johanna: That happened when I was in Florida. I was camping with my family and exploring a mountainside when I noticed the skunk had already released its smell and I realized that its cave was right beside the rock I was resting against. That moment was horrible.

Tim: I can imagine, and was it fun to be there?

Johanna: Well, apart from that moment, I liked it a lot.

Tim: Hahaha, well thank you for this conversation, I loved to see you Johanna.

Johanna: Same Tim, take care.

TRANSFERENCIA BANCARIA
–
BANK TRANSFER

Marcela: Hola David, ¿cómo has estado?

David: Muy bien, gracias.

Marcela: ¿Necesitas que te ayude con algo?

David: Me gustaría transferir algo de dinero.

Marcela: ¿A dónde te gustaría transferir el dinero?

David: Me gustaría a mi cuenta de ahorros.

Marcela: ¿Cuánto dinero te gustaría transferir, David?

David: Me gustaría transferir seiscientos pesos.

Marcela: Está hecho. ¿Será sólo eso o necesitas algo más?

David: Me gustaría saber cual es ahora mi saldo en mi cuenta corriente.

Marcela: Ok, espera un segundo para chequear. Con los seiscientos pesos que acabas de transferir a tu cuenta, tienes un saldo de tres mil seiscientos pesos.

David: Oh, muchísimas gracias.

Marcela: Estamos para ayudarle. Que tenga buen dia.

BANK TRANSFER

Marcela: Hello David, how have you been?

David: Very well, thank you.

Marcela: Do you need help with something?

David: I would like to transfer some money.

Marcela: Where would you like to transfer the money to?

David: I would like to transfer to my savings account.

Marcela: How much money would you like to transfer, David?

David: I would like to transfer six hundred Pesos.

Marcela: It's done. Will it be just that or do you need something else?

David: I would like to know the balance of my checking account.

Marcela: Okay, wait a moment to check it out. With those six hundred Pesos you just transferred to your account, your balance is now three thousand six hundred Pesos.

David: Oh, thank you very much.

Marcela: We are here to help you. Have a nice day.

74

VACACIONES DE VERANO EN EL CARIBE

-

SUMMER VACATIONS IN THE CARIBBEAN

Erika: Buenos días, me gustaría reservar una habitación.

Sebastian: Buenos días, ¿me podría indicar su nombre por favor?

Erika: Mi nombre es Erika Hernández.

Sebastian: Disculpe no le he entendido bien, ¿es su apellido Hernández o Fernández?

Erika: Es Hernández, H-e-r-n-a-n-d-e-z.

Sebastian: Ok, gracias Sra. Hernández. Yo soy Sebastián, estoy para ayudarle. ¿Por cuántos días quiere su reservación, señora?

Erika: Pienso quedarme por una semana desde el 15 de junio, y así pasar mis vacaciones de verano en el Caribe.

Sebastian: Ok Sra. Hernández, en efecto tenemos habitaciones disponibles para la fecha, sólo que las mismas presentan un incremento adicional por la temporada.

Erika: ¿De cuánto estamos hablando?

Sebastian: Ciento cincuenta dólares por noche.

Erika: No se preocupe, es perfecto el precio.

Sebastian: Perfecto. ¿Desea alguna vista en particular? Tenemos habitaciones con vista al mar, al arrecife, y a la piscina.

Erika: Vista al mar, por favor.

Sebastian: ¿Desea que la habitación tenga cama queen size, y jacuzzi privado?

Erika: Suena de maravillas.

Sebastian: Ok Sra. Hernández, su reservación está casi hecha. Sólo necesito que me suministre un número de teléfono.

Erika: 57 5551234.

Sebastian: Muchas gracias Sra. Hernández. Su reservación está completa, ¡que tenga feliz día!

SUMMER VACATIONS IN THE CARIBBEAN

Erika: Good day, I would like to book a room.

Sebastian: Good day, can you tell me your name, please?

Erika: My name is Erika Hernández.

Sebastian: Excuse me, I didn't get that, is your last name Hernandez or Fernandez?

Erika: It's Hernandez, H-e-r-n-a-n-d-e-z.

Sebastian: Ok, thank you Mrs. Hernandez. I'm Sebastian and I'm here to help you. For how many days do you want to book, ma'am?

Erika: I want to stay for a week beginning on June the 15th, so I can spend my summer vacations in the Caribbean.

Sebastian: Ok Mrs. Hernandez, we have vacant rooms for the chosen date, though they will come included with an additional increase in price due to the holiday season.

Erika: How much are we talking about?

Sebastian: One hundred and fifty dollars per night.

Erika: Don't worry, the price is perfect.

Sebastian: Excellent. Do you wish for a view in particular? We have rooms with an ocean view, a reef view and a pool view.

Erika: Ocean view, please.

Sebastian: ¿Do you wish the room to have a queen-size bed and private jacuzzi?

Erika: Sounds wonderful.

Sebastian: Ok Mrs. Hernandez, your reservation is almost done. I just need you to hand me over a phone number.

Erika: 57 5551234.

Sebastian: Thank you very much Mrs. Hernandez. Your reservation is complete. Have a nice day!

BEBIDAS EN EL BAR

–

BAR DRINKS

Pablo: Buenas noches, señorita, ¿en qué puedo ayudarle?

Carla: Buenas noches, señor. Disculpe, ¿puede mostrarme la carta de vinos por favor?

Pablo: La carta de vinos está en la última página de su menú, señora.

Carla: ¿Preparan cocteles en este restaurante?

Pablo: Si, por supuesto. Nuestro bar tiene una gran variedad de tragos y cocteles para ofrecer.

Carla: No estoy segura qué tomar. ¿Tienen algún trago especial?

Pablo: En este momento puedo recomendarle un mojito cubano o un tradicional margarita.

Carla: Perfecto, tráigame por favor una margarita.

Pablo: ¿Le gustaria batido o a las rocas?

Carla: Batido, por favor.

Pablo: ¿Le gustaría con sal o sin ella?

Carla: Me gusta tomar margaritas con sal, gracias.

Pablo: Aquí tiene, que lo disfrute.

Carla: Muchas gracias.

BAR DRINKS

Pablo: Good evening lady, how can I help you?

Carla: Good evening, sir. Excuse me, can you show me the wine list, please?

Pablo: The wine list is at the last page of your menu, madam.

Carla: Do you prepare cocktails at this bar?

Pablo: Yes, of course. Our bar has a great variety of cocktails to offer.

Carla: I am not sure what to drink. Do you have any special drink?

Pablo: Right at this moment I can recommend you a Cuban Mojito or a traditional Margarita.

Carla: Perfect. Bring me a Margarita please.

Pablo: Would you like it shaken or on the rocks?

Carla: Shaken please.

Pablo: Would you like it with or without salt?

Carla: I like to drink Margaritas with salt, thanks.

Pablo: Here you go, I hope you like it.

Carla: Thank you very much.

76

PIDIENDO LA CENA
–
ORDERING DINNER

Ana: Bienvenido, ¿puedo tomar su orden?

Luis: Quisiera una hamburguesa con queso.

Ana: ¿Le gustaría la hamburguesa con todo?

Luis: Si por favor, con todo pero sin mostaza.

Ana: ¿Quisiera papas fritas o aros de cebolla con su orden?

Luis: Papas fritas, por favor.

Ana: ¿Que le gustaría de bebida? Tenemos refrescos, té helado y agua.

Luis: Quisiera una Coca-Cola grande

Ana: ¿Eso es todo, o desea algo más?

Luis: Eso es todo, gracias.

Ana: Por nada, su orden es de un total de veinte dólares.

Luis: Tenga y gracias.

ORDERING DINNER

Ana: Welcome, can I take your order?

Luis: I would like a cheese burger, please.

Ana: Would you like your burger with everything?

Luis: Yes please, everything but mustard.

Ana: Would you like French Fries or onion rings with your order?

Luis: French Fries, please.

Ana: What would you like to drink? We have soda, iced tea and water.

Luis: I would like a big Coca-Cola.

Ana: Is that all or do you want something else?

Luis: That is all, thank you.

Ana: You're welcome. Your order will be twenty dollars.

Luis: Here you go and thank you.

PIDIENDO LA CENA

–

ORDERING DINNER

Antonio: Hola, ¿cómo estas?

Beatriz: Muy bien, ¿y tú?

Antonio: Bien.

Beatriz: Me alegra oír eso.

Antonio: ¿Cuánto tiempo tienes estudiando en esta universidad?

Beatriz: Tengo ya dos años, ¿y tú?

Antonio: Este es mi primer año.

Beatriz: ¿Qué tal te parece la universidad?

Antonio: Me parece muy bien.

Beatriz: ¿Cómo vas con tus clases y tus maestros?

Antonio: Me va muy bien, me siento muy bien en mis clases; no puedo esperar para ir a la siguiente.

Beatriz: Jajaja, así me sentía yo al principio, me alegra que te guste. Bueno Antonio ya debo dejarte, voy a clases.

Antonio: Ok. Que tengas un buen día.

STUDYING AT THE UNIVERSITY

Antonio: Hello, how are you?

Beatriz: Very well, and you?

Antonio: Fine.

Beatriz: I am glad to hear that.

Antonio: How long have you been studying at this university for?

Beatriz: Two years already, and you?

Antonio: This is my first year.

Beatriz: What do you think about this university?

Antonio: I think it's very good.

Beatriz: How are your classes going and what are your teachers like?

Antonio: I am doing pretty okay, I feel very good in classes; I can't wait to go to the next.

Beatriz: Hahaha, that's how I felt at the beginning, I'm glad that you like it. Well Antonio, I have to leave to go to classes.

Antonio: Okay. Have a nice day.

78

ENCONTRANDO EL AULA DE CLASES
–
FINDING THE CLASSROOM

Carmen: Hola, disculpa, ¿podrías ayudarme?

Alejandro: Seguro, ¿qué necesitas?

Carmen: No sé dónde está mi salón de clases.

Alejandro: Primero, ¿qué departamento estas buscando?

Carmen: El edificio de ciencias sociales.

Alejandro: Oh ok, ya sé dónde está.

Carmen: ¿Puedes indicarme en dónde está? Ando un poco perdida ya que es mi primer día de clases.

Alejandro: Si claro, y, ¿qué salón estas buscando?

Carmen: El salón veintiuno de ciencias sociales.

Alejandro: Tengo clases cerca de ese salón en este momento.

Carmen: ¿Puedes mostrarme dónde está?

Alejandro: Claro, ven sígueme que ya es hora de entrar a clases.

FINDING THE CLASSROOM

Carmen: Hello, excuse me, could you help me?

Alejandro: Sure, what do you need?

Carmen: I don't know where my classroom is.

Alejandro: First, what department are you looking for?

Carmen: The Social Science building.

Alejandro: Oh ok, I know where it is.

Carmen: Could you indicate me where it is? I am a little lost because it's my first day of class.

Alejandro: Yeah sure, what classroom are you looking for?

Carmen: Social Science classroom twenty-one.

Alejandro: Right now I have classes near to that classroom.

Carmen: Could you show me where it is?

Alejandro: Of course, come and follow me because it's already time to enter class.

79

PLANES NOCTURNOS
–
NIGHT PLANS

Valeria: ¿Irás a la fiesta esta noche?

Matthias: Estaba pensando en ir, ¿tú irás también?

Valeria: Sí, escuché que va a estar muy buena y divertida.

Matthias: ¿De verdad? Bueno, ¿a qué hora comienza?

Valeria: Comienza a las 9:00 pm. Pienso que deberías ir, y así te diviertes un poco.

Matthias: Bueno, ¿quién más va a ir?

Valeria: Todos los de la escuela.

Matthias: Valeria, ¿cómo sabes que va a estar buena la fiesta?

Valeria: La fiesta tendrá mucha comida, un dj, y estaremos todos compartiendo hasta muy tarde.

Matthias: Genial, ahora sí suena muy bien. Creo que sí va a ser muy divertida esa fiesta de la que me hablas.

Valeria: ¿Te veo allá?

Matthias: Si claro, nos vemos allá.

NIGHT PLANS

Valeria: Are you going to tonight's party?

Matthias: I was thinking about going, are you going as well?

Valeria: Yes, I heard it's going to be very good and fun.

Matthias: Really? Well, at what time does it begin?

Valeria: It starts at 9:00 pm. I think you should go so you have some fun.

Matthias: Well, and who else is going?

Valeria: Everybody at school.

Matthias: Valeria, how do you know it's going to be a good party?

Valeria: The party is going to have a lot of food, a DJ and we are going to be partying till very late.

Matthias: Great, now it sounds like it's going to be good. I think the party is going to be really fun.

Valeria: See you there?

Matthias: Yeah sure, see you there.

A LA PLAYA
-
TO THE BEACH

Ignacio: ¿Te gustaría ir a la playa mañana?

Carolina: Claro, ¿a que playa iremos?

Ignacio: Yo quería ir a Ocumare de la Costa.

Carolina: Me gusta Cata.

Ignacio: Allá el agua es muy oscura y las olas son muy fuertes.

Carolina: Me parecen mejores las playas del Parque Morrocoy.

Ignacio: Morrocoy me parece estupendo; sus playas son tan limpias, de aguas cristalinas y muy hermosas.

Carolina: Entonces, ¿vamos a Morrocoy?

Ignacio: Sí, me parece más apropiado, más seguro y placentero.

Carolina: A qué hora partiremos a la playa?

Ignacio: Debemos irnos muy temprano en la mañana porque queda muy lejos.

Carolina: ¿Te parece apropiado si nos vamos a las 5:00 a.m.?

Ignacio: Me parece perfecto. Te llamo al despertar; no olvides el protector solar.

TO THE BEACH

Ignacio: Would you like to go to the beach tomorrow?

Carolina: Sure, what beach are we going to?

Ignacio: I wanted to go to Ocumare de la Costa.

Carolina: I like Cata.

Ignacio: On Cata beach the water is very dark and the waves are too strong.

Carolina: I think Parque Morrocoy's beaches are better.

Ignacio: Morrocoy looks great to me, its beaches are crystalline clear, clean, and very beautiful.

Carolina: Then, shall we go to Morrocoy?

Ignacio: Yes, I think it's more appropriate, safer and more pleasant.

Carolina: At what time are we going to the beach?

Ignacio: We need to leave very early in the morning because it's too far away.

Carolina: Do you think it's appropriate that we leave at 5:00 a.m.?

Ignacio: I think it's perfect. I will call you when I wake up, don't forget your sunscreen.

81

BUSCANDO UN PUESTO DE ESTACIONAMIENTO

–

LOOKING FOR A PARKING SPOT

Richard: Necesito conseguir un lugar donde estacionarme.

Andreina: ¿En el estacionamiento de arriba o en el subterráneo?

Richard: Me gustaría en el subterráneo, de esa forma protejo el carro del sol.

Andreina: ¿Por qué no te estacionas en el estacionamiento de la entrada?

Richard: ¿Hay lugar ahí para estacionarme?

Andreina: Si claro, aún queda un lugar entre el carro azul y la camioneta blanca de allá.

Richard: Está todo lleno. ¿Siempre es así?

Andreina: Sí, así es. Siempre este centro comercial esta lleno, pero después de las 4:00 p.m. ya se queda vacio.

Richard: ¿Cuánto tiempo demoraremos en buscar los que necesitas?

Andreina: Será rápido. En media hora regresamos a la casa.

Richard: ¿Estás segura?

Andreina: Muy segura. Vamos estaciona el auto y vamos adentro. El auto estará bien vigilado en ese lugar.

LOOKING FOR A PARKING SPOT

Richard: I need to find a place to park.

Andreina: In the upper or underground parking lot?

Richard: I would like to park underground, that way I protect the car from the sun.

Andreina: Why don't you park at the front parking lot?

Richard: Is there a spot to park there?

Andreina: Yeah sure, there is a parking stall between the blue car and the white van over there.

Richard: It's all full. Is it always like that?

Andreina: Yes, it is. This mall is always full, but after 4:00 p.m. it remains empty.

Richard: How long will we take to search for what you need?

Andreina: It'll be quick. In half an hour we will return home.

Richard: Are you sure?

Andreina: Very sure. Let's park the car and get inside, the car will be well-watched in that place.

VIEJOS AMIGOS

\-

OLD FRIENDS

Anabel: Hola, no te había visto desde hace mucho, ¿cómo estas?

Jose Antonio: Si, ha pasado mucho tiempo. Bueno estoy muy bien, ¿y tú?

Anabel: Muy bien, ¿cuánto tiempo ha pasado desde la última vez que nos vimos?

Jose Antonio: Creo que la última vez que nos vimos fue hace tres o cuatro años.

Anabel: Wow… Y, ¿qué has estado haciendo en todo este tiempo?

Jose Antonio: He estado estudiando para graduarme de la universidad y trabajando.

Anabel: ¿Qué estudias?

Jose Antonio: Estoy estudiando ingeniería industrial.

Anabel: Supongo que debes de ser un buen estudiante ya que trabajas y estudias al mismo tiempo.

Jose Antonio: Mi actual empleo me ayuda a practicar lo que estudio y así logro salir muy bien en mis estudios.

Anabel: Que bueno oír eso. ¿Te gustaría que nos reuniéramos para salir como lo hacíamos antes y compartir con nuestros antiguos amigos?

Jose Antonio: Me parece buena idea.

OLD FRIENDS

Anabel: Hello, I haven't seen you in a long time, how are you?

Jose Antonio: Yes, it's been quite a while. I'm very well, and you?

Anabel: Very good, how long has it been since the last time we saw each other?

Jose Antonio: I think the last time we saw each other was about three or four years ago.

Anabel: Wow... And what have you been doing all this time?

Jose Antonio: I have been studying to graduate at the university and working.

Anabel: What are you studying?

Jose Antonio: I'm studying industrial engineering.

Anabel: I suppose you must be a good student because you work and study at the same time.

Jose Antonio: My current job helps me to practice what I study and that way I manage to turn out well in my studies.

Anabel: It's good to hear that. Would you like to meet like we used to before and hang out with our old friends?

Jose Antonio: It sounds like a good idea to me.

83

CONVERSACIÓN ENTRE DOS CONOCIDOS

–

CONVERSATION BETWEEN ACQUAINTANCES

Sofia: Hola, ¿cómo estas?

Ernesto: Bien. ¿Qué hay de ti, cómo te va?

Sofia: Estoy muy bien. Gracias por preguntar.

Ernesto: No hay problema. Y, ¿como has estado?

Sofia: Bien, realmente. ¿Qué hay de ti?

Ernesto: He estado bien. Ahora mismo estoy en la escuela.

Sofia: Ah que bien, ¿y a cuál escuela vas?

Ernesto: Voy a la escuela Republica de Mexico.

Sofia: ¿Y te gusta ir?

Ernesto: Sí, me gusta muchísimo, es muy grande y hermosa y mis amigos también estudian ahi.

Sofia: Bueno, buena suerte en tu escuela. Cuídate mucho.

Ernesto: Muchísimas gracias.

A CONVERSATION AMONG ACQUAINTANCES

Sofia: Hello, how are you?

Ernesto: Fine. How about you? How are you doing?

Sofia: I am very well, thank you for asking.

Ernesto: No problem. And how have you been?

Sofia: Really well. How about you?

Ernesto: I've been well. Right now I'm in school.

Sofia: Ah, that's good. And what school are you going to?

Ernesto: I am going to the "República de México" school.

Sofia: And do you like it there?

Ernesto: Yes I like it a lot, it's very big and beautiful and my friends study there too.

Sofia: Well, good luck at your school. Take care a lot.

Ernesto: Thank you very much.

84

REUNIONES Y FECHAS
-
MEETINGS AND DATES

William: Buenos días, ¿en qué puedo ayudarle?

Gabriela: Hola, yo tengo una reunión pautada con la señorita Adams.

William: ¿A qué hora es su reunión?

Gabriela: La reunión es a las 10 a.m., el 15 de febrero.

William: Disculpe, pero yo tengo aquí que su reunión está pautada para el 20 de febrero a las 10 a.m.

Gabriela: No, eso es imposible. El formulario debe estar equivocado.

William: Mire usted aquí el formulario, señorita.

Gabriela: Sí, tiene usted razón, la anterior persona que atendía ¿se encuentra aquí aun?

William: No, disculpe. Ella fue despedida.

Gabriela: Si claro, comprendo, ¿y cómo puedo arreglar esto?

William: Lo que haré es llenar un nuevo formulario con una nueva fecha de reunión para que el gerente la pueda atender, y como la fecha que había pedido está disponible le programaré su reunión para ese día a las 10 a.m. ¿Qué le parece eso?

Gabriela: Sí, está bien, me parece perfecto.

MEETINGS AND DATES

William: Good day, how can I help you?

Gabriela: Hello. I have a scheduled meeting with Miss Adams.

William: What time is your meeting?

Gabriela: The meeting is on February 15 at 10 a.m.

William: Excuse me, but here I can see that your meeting is scheduled for February 20 at 10 a.m.

Gabriela: No, that is impossible. The form must be wrong.

William: Look at the form for yourself, ma'am.

Gabriela: Yes, you are right, the last person who attended here, is she still here?

William: No, I am sorry. She was fired.

Gabriela: Yes right, I understand, but how can I fix this?

William: What I'm going to do is that I will fill a new sheet with a new meeting date so the manager can see you, and since the date you requested is available I will schedule your meeting for that day at 10 a.m. What do you think about that?

Gabriela: Yes, alright, I think it's perfect.

85

EN EL LOBBY DEL HOTEL
-
AT THE HOTEL LOBBY

Hector: Hola, buenas noches, me gustaría alquilar una habitación.

Yeimy: Buenas noches señor, ¿la quiere individual o matrimonial?

Hector: Matrimonial por favor, señorita.

Yeimy: Bien, ¿qué tipo de habitación quiere usted? ¿Sencilla o VIP?

Hector: ¿Cuáles son las diferencias entre habitaciones?

Yeimy: La sencilla no tiene nevera ni jacuzzi, mientras que la VIP cuenta con esas características y más.

Hector: Ah, comprendo; entonces prefiero la VIP.

Yeimy: ¿Quiere usted un teléfono para realizar llamadas?

Hector: Sí, por favor.

Yeimy: ¿Cómo va a cancelar? ¿Cheque, tarjeta de débito o crédito?

Hector: Tarjeta de crédito. ¿En cuánto saldrán 4 noches?

Yeimy: La habitación VIP sale en cincuenta dólares por noche, así que serían doscientos dólares en total.

Hector: Mmm, me encanta, está económico, ¿y tienen servicio de habitaciones? ¿Incluyendo agua e hielo?

Yeimy: Si, todos los servicios disponibles están indicados en la puerta de la habitación, así como las instrucciones para usar el interfono para comunicarse con el personal del hotel.

Hector: Está bien, muchas gracias.

Yeimy: Esperamos que disfrute su estadía.

AT THE HOTEL'S LOBBY

Hector: Hello good evening, I want a room.

Yeimy: Good evening sir, do you want it single or double?

Hector: Double please, ma'am.

Yeimy: Well, what kind of room do you want? Simple or VIP?

Hector: What are the differences between those bedrooms?

Yeimy: The simple one doesn't have a fridge nor Jacuzzi, while the VIP has these features and more.

Hector: Ah, I understand; then I prefer the VIP one.

Yeimy: Do you need a phone for calls?

Hector: Yes, please.

Yeimy: How are you going to pay? Check, debit or credit card?

Hector: Credit card. How much for 4 nights?

Yeimy: The VIP bedroom costs fifty dollars per night, so it would be two hundred dollars in total.

Hector: Hmm, I love it, it's cheap. And do you have room service? Including ice and water?

Yeimy: Yes, all the services available are indicated at the bedroom's door, as well as how to use the phone to communicate with the hotel.

Hector: Okay, thanks a lot.

Yeimy: We hope you enjoy your stay.

UNA CASA IDEAL

-

AN IDEAL HOUSE

Luis: Hola Yesica, quiero tomar ideas para una casa, y necesito que me ayudes ¿Cómo sería la casa ideal para ti?

Yesica: Mmm, ¿por dónde empiezo? Bueno primero que nada, tiene que estar en un buen sitio, no sé, un conjunto residencial por ejemplo. Me gusta mucho la ciudad y no me agrada vivir en el campo.

Luis: Es verdad, eres una chica de ciudad. Dame más detalles que estoy anotando lo que dices.

Yesica: Mmm, que sea una casa de dos pisos, que tenga piscina y un jardín pequeño y modesto.

Luis: ¿Y qué sobre el interior de la casa?

Yesica: Me gustaría que en la parte de abajo hubiera tres cuartos con su baño propio cada uno, una cocina grande empotrada y un comedor muy bonito.

Luis: ¿Y sobre la parte de arriba?

Yesica: Mmm, sería lo mismo, sólo que con una terraza en vez de cocina, ¿me entiendes?

Luis: ¿Por qué una terraza?

Yesica: Para hacer las reuniones y fiestas privadas.

Luis: Oh, es una excelente idea.

Yesica: Espero te haya servido de mucho.

Luis: Si, ¡ya tengo buenas ideas para construir mi casa ideal! Aun así, yo pienso en un jardín mucho más grande. Me gustaría tener perros en mi casa.

Yesica: ¿Perros? ¿Más de uno?

AN IDEAL HOUSE

Luis: Hello Yesica, I want to take some ideas for a house, and I need you to help me. How would an ideal house be for you?

Yesica: Mmm, where do I start? Well first of all, it has to be in a nice place, I don't know, a residential compound for example. I like the city a lot and I don't enjoy living in the country.

Luis: It's true, you are a city girl. Give me more details, I'm taking note of what you are saying.

Yesica: Mmm, it has to be a two-storey house, with a pool and a small and modest garden.

Luis: And what about the house interior?

Yesica: I would like there to be a ground floor with three bedrooms with a bathroom each, a big embedded kitchen and a very pretty dining room.

Luis: And what about the upper part?

Yesica: Mmm, it would be the same, but with a balcony instead of a kitchen, do you understand?

Luis: Why a balcony?

Yesica: To have meetings and private parties.

Luis: Oh, that's an excellent idea.

Yesica: I hope that I've helped you.

Luis: Yes, I have good ideas to build my ideal house! Even so, I'm thinking of a bigger garden. I'd like to have dogs in my house.

Yesica: Dogs? More than one?

87

RENTANDO UN AUTO
-
RENTING A CAR

Rebeca: Buenas tardes señor, me gustaría rentar un auto, por favor.

Eduardo: Por supuesto, ¿por cuánto tiempo?

Rebeca: Por tres días.

Eduardo: Correcto, ¿A dónde va a ir con el auto?

Rebeca: Me gustaría ir a pasear y conocer nuevos lugares. ¿Qué tan lejos puedo llevarlo?

Eduardo: Nuestros autos están equipados con rastreo satelital, y tenemos varias sucursales en todos los países de Europa, así que usted puede rentarlo aquí y entregarlo en cualquiera de nuestras sucursales.

Rebeca: Perfecto. Por cierto, ¿cómo puedo encontrar cualquier de estas sucursales? Y, ¿cómo puedo solicitar una extensión del tiempo en caso de que lo necesite por unos días más?

Eduardo: Todos nuestros autos cuentan con GPS y usted puede encontrar la sucursal más cercana muy fácilmente. Y para extender su tiempo, sólo tiene que acercarse a cualquiera de estas tiendas y hacer una petición de extensión.

Rebeca: Muy bien. ¿Puedo ver los autos disponibles?

Eduardo: Sí, aquí está el catalogo.

Rebeca: Éste me gusta bastante. Creo que me lo llevaré.

Eduardo: Ok, ¿puedo ver su licencia de conducir?

Rebeca: Yo tengo una licencia de manejo internacional.

Eduardo: Esa funcionará. ¿Cómo desea pagar usted?

Rebeca: Con una tarjeta American Express, por favor.

Eduardo: Ahora mismo le traigo su coche.

Rebeca: Muchas gracias.

Eduardo: Que lo disfrute.

RENTING A CAR

Rebeca: Good afternoon sir, I would like to rent a car, please.

Eduardo: Yes, of course. For how long?

Rebeca: About three days.

Eduardo: Correct, where are you going with the car?

Rebeca: I would like to take a stroll and get to know new places. How far can I take it?

Eduardo: Our vehicles are equipped with satellite tracking and we have several branches across all Europe countries, so you can rent it here and give it back in any of our branches.

Rebeca: Perfect. By the way, how can I find these branches? And, how can I request for an extension of time in case I need it for a few more days?

Eduardo: All our vehicles have GPS, so you can find the nearest branch very easily. And to extend your time you just need to reach to any of these shops and make an extension request.

Rebeca: Very well. Can I see the available cars?

Eduardo: Yes, here is the catalogue.

Rebeca: I like this one a lot. I think I will take it.

Eduardo: Ok, can I see your driver license?

Rebeca: I have an international driver license.

Eduardo: That will work. How do you wish to pay?

Rebeca: With an American Express card, please.

Eduardo: I will bring your car right now.

Rebeca: Thank you very much.

Eduardo: Enjoy it.

88

COMPUTADORAS Y TELÉFONOS INTELIGENTES
—
COMPUTERS AND SMARTPHONES

Valentina: Hola Jesús, ¿has visto la publicidad del último teléfono inteligente que salió hace unos días? ¡Es increíble!

Jesús: Si la vi, creo que es algo genial.

Valentina: ¡Mi tía compró uno y puede hacer muchas cosas!

Jesús: ¿No crees que sea algo increíble que un celular, algo tan pequeño, pueda hacer tantas cosas?

Valentina: Sí, es verdad. Es posible que en algunos años los teléfonos inteligentes reemplacen a las computadoras.

Jesús: No lo creo. Hay cosas que las computadoras pueden hacer que los teléfonos inteligentes jamás podrán.

Valentina: ¿Cómo qué?

Jesús: Trabajar en documentos, jugar algunos tipos de juegos. Hacer eso en un dispositivo tan pequeño sería muy incómodo.

Valentina: Tienes un punto. Sin embargo, hay muchos juegos disponibles para los dispositivos móviles.

Jesús: Lo sé. Yo personalmente juego varios, pero hay otros donde necesitas una pantalla grande, un ratón y un teclado para jugarlos y el teléfono no puede reemplazar eso.

Valentina: Ahora que lo pienso, las computadoras siempre están siendo actualizadas. Cada semana anuncian piezas más poderosas, y tienes libertad total para instalar lo que quieras. ¡Ni siquiera las laptops pueden competir contra eso!

Jesús: Hace unas semanas atrás, mi papá armó una computadora. Es increíble, te lo digo.

Valentina: ¡Guao! no sabía que tu papá sabía de computadoras.

Jesús: Yo tampoco, pero parece que estuvo investigando por semanas para que se ajustara de acuerdo a sus necesidades.

Valentina: Tienes que invitarme a tu casa y dejarme probarla.

Jesús: Jajaja, mi papá es muy cuidadoso con ese aparato y no deja que nadie la use, pero me prometió que haría una para mí. Cuando esté lista la probaremos juntos.

Valentina: Es una promesa. Por cierto, ¿Cuánto costó la computadora?

Jesús: No me acuerdo, pero creo que cuesta varios miles de dólares.

Valentina: ¿Qué? Creo que por ahora prefiero los teléfonos inteligentes.

COMPUTERS AND SMARTPHONES

Valentina: Hello Jesus, have you seen the last smartphone commercial that came out a few days ago? It's incredible!

Jesus: Yes, I saw it. I think it's something cool.

Valentina: My aunt bought one and it can do a lot of things!

Jesus: Don't you think it's incredible that a cellphone, something so small, can do so many things?

Valentina: Yes, it's true. It's possible that in a few years smartphones will replace computers.

Jesus: I don't think so. There things that computers can do that smartphones will never do.

Valentina: Like what?

Jesus: Working with documents, playing some kind of games. Doing them on a device that small would be very awkward.

Valentina: You have a point. However, there are many games available for mobile devices.

Jesus: I know. I personally play some, but there are others where you need a big screen, a mouse and a keyboard to play them and a phone can't replace that.

Valentina: Now that I think about it, computers are always being updated. Every week, more powerful pieces are announced, and you have total freedom to install whatever you want. Not even laptops can compete against that!

Jesus: A few weeks ago, my dad built a computer. It's incredible, I tell you.

Valentina: Wow, I didn't know that your dad knew about computers.

Jesus: Neither did I, but it seems that he had been researching for weeks to fit to his needs.

Valentina: You have to invite me to your house and let me try it.

Jesus: Hahaha, my dad is very careful with that machine and doesn't let anyone use it, but he promised me that he would make one for me. When it's ready, we will try it together.

Valentina: It's a promise. By the way, how much did the computer cost?

Jesus: I don't remember, but I think it cost several thousand dollars.

Valentina: What? I think I prefer smartphones for the time being.

89

UN PARTIDO DE FÚTBOL

–

A FOOTBALL MATCH

Gonzalo: Antonieta, sintoniza el canal de deporte ya, ¡está comenzando el partido de fútbol!

Antonieta: ¿Sí? ¿Cuál es el canal?

Gonzalo: El seiscientos cuatro. ¡Va a estar genial! Es el gran encuentro entre los rivales más grandes de la ciudad.

Antonieta: Aquí está. ¿A quién le vas? ¿A los azules, o los rojos?

Gonzalo: A los rojos, por supuesto. Son mi equipo de toda la vida.

Antonieta: Y eso, ¿por qué? Por sus colores, ¿o qué?

Gonzalo: No, Antonieta, por favor. Tienen jugadores muy buenos, y una historia muy ilustre que me hace amarlos más.

Antonieta: Pues entonces yo voy a apoyar a los azules.

Gonzalo: ¡Hey! ¿Y eso por qué?

Antonieta: Para llevarte la contraria y para darle emoción a este partido. Si ambos apoyamos a los rojos será muy aburrido mirarlo.

Gonzalo: Está bien. Ya verás que mi equipo va a ganarle al tuyo.

Antonieta: Pues yo no creo, es más, voy a reírme de ti cuando ganen los azules.

Gonzalo: ¡Oh, vamos! ¿Viste eso? ¡Anotó el equipo azul, que rabia!

Antonieta: Jajaja, te lo dije. Van a perder los rojos. Me reíre mucho, oh sí.

Gonzalo: ¡Vamos equipo! Oh, casi anotan. Ya verás, no perderán los rojos. Tenemos una plantilla muy fuerte esta temporada.

Antonieta: ¡Vamos, metan otro, azules! Oh, penal para los rojos. Que mal, parece que los azules van a perder la ventaja.

Gonzalo: Nuestro delantero nunca falla los penales. Vamos… ¡Gooooool! ¡Te lo dije, no vamos a perder!

Antonieta: Sigue hablando, ya no me interesa este partido. En realidad no quería ver fútbol, así que hablamos luego. Hablamos cuando termine tu preciado partido de fútbol.

Gonzalo: Eres una muy mala perdedora, Antonieta, no te vayas. Si quieres vemos una película cuando termine el partido.

Antonieta: Sí, pero la escojo yo. Algo de romance que me gusta más que el deporte.

Gonzalo: De acuerdo, lo que tú digas.

A FOOTBALL MATCH

Gonzalo: Antonieta, tune in to the sports channel now, the football match is about to start!

Antonieta: Yeah? Which channel is it?

Gonzalo: Channel six hundred and four. It's going to be great! It's the great encounter between the two biggest city rivals.

Antonieta: Here it is. Who do you support? The blue guys or the red ones?

Gonzalo: The red team, of course. They've been my favorite team for all of my life.

Antonieta: Why is that? Is it because of the color of their kit, or what?

Gonzalo: No, Antonieta, please. It's because they have really good football players, and a star-studded history that makes me love them even more.

Antonieta: Well, I'm going to support the blue team, then.

Gonzalo: Hey! Why are you gonna do that?

Antonieta: So I can go against you and to make the game more interesting and exciting. If we both decide to support the red team, it's going to be quite a boring afternoon.

Gonzalo: Ok, I guess. You'll see that my team is going to beat yours.

Antonieta: Well I don't think so, heck, I'm certain I'm going to be laughing when the blue team wins.

Gonzalo: Oh, come on! Did you see that? The blue team scored, what a shame!

Antonieta: Hahaha, I told you. The reds are going to lose. I'm going to laugh so much, oh yeah.

Gonzalo: Come on, team! Oh, they almost scored. You'll see, the reds aren't going to lose. We have a very strong lineup this season.

Antonieta: Come on, score another one, blues! Oh, penalty for the reds. What a bummer, it looks like the blues are going to lose their advantage.

Gonzalo: Our striker never misses a penalty. Come on... Gooooooaaal! I told you, we're not losing!

Antonieta: Whatever, keep talking, I no longer care about the match. In fact, I didn't even want to watch football, so see you later. We can talk when your precious match is over.

Gonzalo: You're a really sore loser, Antonieta, don't go. If you want, we can watch a movie once the match is done.

Antonieta: Yeah, but I choose which one. Something with romance, which I enjoy more than sports.

Gonzalo: Okay, whatever you say.

90

GRABANDO UN VIDEO

–

FILMING A VIDEO

Pedro: ¿Oye, Daniela, sabes cómo grabar un video para subirlo a mis redes sociales? Quiero explicarles a mis amigos cómo preparar un delicioso asado.

Daniela: ¿Sí? Suena genial. ¿Es para tu canal de videos de cocina?

Pedro: Sí, amiga. Ya tengo más de quinientos seguidores, está creciendo mucho y necesito agregar más contenido para ellos.

Daniela: ¡Que éxito! Bueno, trae la cámara. Te voy a explicar bien.

Pedro: A ver, ¿dónde la dejé? Hmm… ah ya, bueno aquí está la cámara, ya la prendí.

Daniela: Perfecto. Vamos a posicionarla en la dirección correcta. ¿Dónde vas a preparar el asado? ¿Ahí en esa mesa?

Pedro: No, Dani. Sígueme a la cocina. Ok, aquí mismo podemos poner la cámara. ¿Qué más debo hacer?

Daniela: Bueno, puedes ajustar el temporizador para que empiece a grabar unos segundos luego de que aprietes el botón, y así no te verán alejarte de la cámara. Hay poca luz acá, ¿no puedes iluminar mejor?

Pedro: Déjame prender la lámpara. ¿Qué tal si me grabas tú?

Daniela: Puede ser mejor, así me aseguro de que vean todo el proceso detalladamente. ¿Estás listo para empezar en cinco minutos?

Pedro: Pienso que sí. Ok, ayúdame a buscar los ingredientes, están en la nevera.

Daniela: Listo. Ahora sólo faltan los utensilios de la cocina. ¿En esta lista escribiste cuáles son, cierto?

Pedro: Exacto. A ver, cuchillo de carne, sartén, tabla para picar...

Daniela: ¡Y una cuchara para los condimentos! Perfecto, estamos preparados, ahora sólo falta que te acomodes la vestimenta y el cabello. Ve a peinarte.

Pedro: De acuerdo. Me pondré un delantal y me peinaré. También me pondré mi gorro de chef, no puede faltar.

Daniela: Ok, ahora sí. ¡Te ves realmente genial! ¿Listo?

Pedro: ¡Listo!

Daniela: Perfecto; ¡luces, cámara, acción!

Pedro: Buen día, queridos amigos, el día de hoy les enseñaré cómo preparar un delicioso asado...

FILMING A VIDEO

Pedro: Hey, Daniela, do you know how to film a video so that I can upload something to my social media? I want to show my friends how to cook a delicious roast.

Daniela: Yeah? It sounds awesome. Is it for your cooking video channel?

Pedro: Yes, my friend. I already have over one thousand followers and it's growing quickly, I need to add some content for them.

Daniela: What a success! Well, go and bring the camera. I'm going to explain step by step.

Pedro: Let's see, where did I leave it? Hmm… oh right, the camera's right here, and I've turned it on.

Daniela: Perfect. Let's set it down in the right place. Where are you going to cook the roast? Right there on that table?

Pedro: No, Dani. Follow me to the kitchen. Ok, we can put the camera right here. What else must I do?

Daniela: Well, you can adjust the timer so that it begins filming a few seconds after you press a button, that way nobody will see you walking away from the camera. There's little light here, can't you illuminate the place a bit?

Pedro: Let me turn on the light. Hey, what if you film me, instead?

Daniela: That could be better, that way we can ensure the entire process is filmed in detail. Are you ready to start in the next five minutes?

Pedro: I certainly think so. Okay, help me find the ingredients, they're in the fridge.

Daniela: Ready. Now we just need the kitchen utensils to be used. You wrote all of them on this list, didn't you?

Pedro: Exactly. Let's see, meat knife, pan, chopping block...

Daniela: And a spoon for the condiments! Perfect, we're prepared, now you just need to fix your clothes and your hair. Go and comb it.

Pedro: Alright. I'll grab my apron and comb my hair. I'll also put on my chef hat, it must be present.

Daniela: Ok, we're all set to go. You look really great! Ready?

Pedro: Ready!

Daniela: Perfect; lights, camera, action!

Pedro: Good day, my lovely friends, today I'm going to teach you how to make a delicious roast...

91

¡NO PUEDO ENCONTRARLO!
-
I CAN'T FIND IT!

Mery: Edwin, dime que has visto mi cartera; ¡no la logro encontrar por ninguna parte!

Edwin: ¿Yo? ¿Ver tu cartera? Ni idea. A veces no buscas bien, así que no entres en pánico aún.

Mery: ¡Ya tengo dos horas buscándola! Necesito salir, ¡pero ahí tengo mis llaves del carro, mi dinero y mis papeles! ¡Esto es un desastre, no puedo creer que la perdí!

Edwin: Respira, Mery. Vamos a pensar en todos los lugares donde has estado hoy. Puedes haberlo dejado en el lugar menos esperado.

Mery: Hoy salí con ella al abasto cercano… puede ser que la dejé ahí. ¡Que idiota soy! De verdad perdí todo, y ahora será todo un problema recuperarlo. Puede ser que jamás vuelva a ver esas cosas…

Edwin: Sí las verás. No te sientas tan mal, yo sé que están acá. A ver, vamos a la cocina. Busquemos. ¿Ya revisaste bajo la mesa?

Mery: Mmm… nada.

Edwin: ¿Qué tal por el área de la cocina y el microondas?

Mery: No he buscado ahí, deja ver. No, nada. Mejor buscamos arriba en la habitación.

Edwin: Ok. Mira dentro del closet. ¿Está ahí?

Mery: No, qué va. No está aquí. Tampoco está en el baño, acabo de buscar allí.

Edwin: A ver, estoy viendo debajo de la cama y tampoco está. ¿Dónde más estuviste hoy?

Mery: Estuve regando las plantas afuera, podemos salir a ver.

Edwin: Mmm, nada. No la veo por ninguna parte. Empiezo a preocuparme también, para ser sincero.

Mery: Ya era hora que entendieras mi problema. Voy a volverme loca con esto. Es lo peor que me ha pasado en mucho tiempo.

Edwin: Ya va, ¿qué es eso que veo ahí encima del carro?

Mery: ¿De qué hablas, pero sí...? ¡¿Qué?! ¡Es mi cartera! ¿Cómo pude dejarla ahí? Y nadie la vio, porque ya se la hubiesen robado.

Edwin: ¿Ves? Todo se resolvió. Nunca entres en pánico por perder algo, ¡sólo piensa y recuerda!

I CAN'T FIND IT!

Mery: Edwin, please tell me you've seen my bag: I can't seem to find it anywhere!

Edwin: Me? See your bag? No idea. Sometimes you don't know where to look, so don't go into panic mode yet.

Mery: I've been looking for it for two hours! I need to go out, but my car keys, money and papers are in there! This is a disaster; I can't believe I lost it!

Edwin: Breathe, Mery. Let's start thinking of all the places you've been today. It could be in the place you least imagined.

Mery: Today I went out with it to the local grocery store... I must have left it there. What an idiot I am! I truly lost everything, and now it will be an issue to recover it. I may never see those things again...

Edwin: Yes you will. Don't beat yourself up over it, I know it's here. Let's see, let's go to the kitchen. Search with me. Did you check under the table?

Mery: Mmm... nothing.

Edwin: What about near the cooker and microwave?

Mery: I haven't checked there, let me see. Nope, nothing. We should just go up to the bedroom to look.

Edwin: Ok. Look inside the closet. Is it there?

Mery: No, no luck. It isn't here. It isn't in the bathroom, either, I've just looked there.

Edwin: Let's see, I'm taking a look under the bed and it's not here either. Where else did you go today?

Mery: I was watering the plants outside; we could always go out and look.

Edwin: Mmm, nothing. I can't see it anywhere. I'm starting to worry too, to be honest.

Mery: About time you understood my problem here. I'm going nuts with this. It's the worst thing that's happened to me in a long time.

Edwin: Wait a sec, what is that I'm seeing on top of the car?

Mery: What are you talking about, if I...? What?! It's my bag! How could I just leave it there? And nobody's seen it, either, because they would have stolen it by now.

Edwin: See, everything's been solved. Never go into panic because you've lost something, just think and remember!

92

¡AUXILIO!

-

HELP!

Gustavo: Mmm, Patricia, este programa está muy interesante. Cuando termine, creo que deberíamos ir a la cocina a ver qué tal la cena.

Patricia: Sí, ¿como cuánto tiempo tiene cocinándose?

Gustavo: Bueno, lo metí a las 8:00, y creo que ya son las... ¡¿9:30?! ¡Oh no, se nos pasó el tiempo!

Patricia: ¡Vamos, creo que veo humo saliendo de la cocina!

Gustavo: Oh dios, no puede ser, ¡se está incendiando la cocina! ¡Ayúdame, Patricia!

Patricia: ¡Que horrible, nuestra preciosa cocina! ¡Buscaré el extinguidor!

Gustavo: ¡Buena idea! Llamaré a emergencias. Hola, 911, tenemos un incendio en nuestra cocina. Sí, vengan rápido, estamos en la Calle Azulejo, Sector 4, Edificio Los Pintos.

Patricia: Aquí está el extinguidor, ¿ya vienen los bomberos a ayudarnos?

Gustavo: Sí, agáchate Patricia, hay mucho humo. Aff, no, acabé el extinguidor y el incendio no ha parado. Vamos a tener que salir.

Patricia: ¡Auxilio! ¡Auxilio! ¡Se está quemando nuestro apartamento!

Gustavo: No entres en pánico, creo que podemos salir sin problemas. Oye, ya se escuchan los gritos afuera. Por nuestra culpa el humo se está extendiendo por todo el edificio...

Patricia: Vamos, ya escucho las sirenas de los bomberos.

Puede que lleguen a tiempo para salvar nuestro apartamento. Vayamos a un lugar más seguro.

Gustavo: Debimos haber sido más cuidadosos, esto nos va a costar muy caro. Seguramente vamos a tener problemas con los vecinos.

Patricia: Sí, pero lo que importa es que seguimos con vida. Jamás podemos volver a descuidar la cocina cuando estemos preparando comida, Gustavo.

Gustavo: Así mismo es, no volveré a dejar de vigilar la comida mientras se cocine. Esta tragedia me hizo aprender esa lección de la peor manera. Además, ahora vamos a tener que pintar y comprar todo lo que se haya quemado. Creo que fue una forma de enseñarnos a tener cuidado.

Patricia: Sí. Que bueno que estamos a salvo, Gustavo. Ahora esperemos que los bomberos acaben con las llamas.

HELP!

Gustavo: Mmm, Patricia, this program is very interesting. When it's done, we should take a look at the kitchen so we can see if our dinner is done.

Patricia: Yeah, sure. How long has it been cooking?

Gustavo: Well, I started cooking it at 8:00, and it's still… 9:30?! Oh no, we totally lost track of time!

Patricia: Come on, I can see smoke coming out of the kitchen!

Gustavo: Oh god, it cannot be, the kitchen is on fire! Help me, Patricia!

Patricia: Oh, it's horrible, our beautiful kitchen! I'll go for the fire extinguisher!

Gustavo: Good idea! I'll call the emergency line. Hello, 911, we have a fire in our kitchen. Yes, come quickly, we're at Azulejo Street, Sector 4, Los Pintos Building.

Patricia: Here's the extinguisher, are the firemen coming to help us yet?

Gustavo: Yes, crouch Patricia, there's a lot of smoke. Oh, no, I've used up all of the extinguisher and the fire's still raging. We're going to have to leave.

Patricia: Help! Help! Our apartment is burning down!

Gustavo: Don't go into a panic, I think we can make it out without any problems. Hey, I can hear screams outside. Because of our mistake, the smoke is spreading throughout the entire building…

Patricia: Come, I can already hear the sirens from the firemen below. Maybe they'll arrive in time to save our apartment from the worst. Let's go somewhere safer.

Gustavo: We should have been more careful, now this will cost us dearly. I'm sure we're going to have trouble with our neighbors.

Patricia: Yeah, but all that matters is that we're alive. We can never leave our kitchen unattended again while cooking, Gustavo.

Gustavo: Yeah, that's true; I'll never walk away from a meal being cooked again. This tragedy made me learn that lesson in the worst posible way. Furthermore, now we're going to have to paint and replace everything that got burned. I think it was a way of telling us to be more careful.

Patricia: Yep. I'm so glad we're safe now, Gustavo. Let's just leave it to the firemen to do their job now.

93

¿QUIERES BAILAR CONMIGO?
–
WANT TO DANCE WITH ME?

Francisco: Hola, señorita; estuve viendo que estás sola en esta discoteca tan concurrida, y no te he visto bailar con nadie. ¿Te importa si me siento contigo?

Grace: Hola. No hay problema, aunque sólo estoy disfrutando de la música.

Francisco: Excelente. Mi nombre es Francisco, mucho gusto.

Grace: Grace, un placer.

Francisco: Elegante nombre. ¿A qué te dedicas, Grace?

Grace: Soy enfermera, pero no estoy de turno. ¿Y tú?

Francisco: Soy ingeniero de sistemas; estoy de paso por la zona. Quería ver qué tal era la vida nocturna en esta ciudad.

Grace: Genial, de hecho es muy buena. Esta discoteca es sólo una de tantas en la zona. Deberías ir a *Blue Sky,* queda cerca de aquí.

Francisco: Si me la recomiendas, deberías venir conmigo a disfrutar de ella. De hecho, estás invitada enfermera Grace. Deja pagar tu cuenta.

Grace: No tienes por qué.

Francisco: Insisto. Aquí tienes, bartender. Ahora, ¿nos vamos, Grace?

Grace: De acuerdo. Oh, estacionaste tu carro cerca. ¿Sabes dónde queda el sitio que te digo?

Francisco: Ni idea; vas a tener que guiarme hasta allá.

Grace: De acuerdo, no hay problema. Sigue por esta misma avenida, y cuando hayas alcanzado el semáforo, cruza a la derecha.

Francisco: ¿Ah, por acá? Oh, ya lo veo. Bueno, ya estamos acá en *Blue Sky*. Se ve que vienen bastantes personas los fines de semana. ¿Entramos?

Grace: Sí, este sitio es nuevo y a la gente le encanta. Es casi exclusivamente para bailar y pasarla bien. Yo no había podido venir porque mi horario no me lo permite.

Francisco: Entiendo, la vida de una enfermera es muy sacrificada; de hecho me sorprende que estés aquí divirtiéndote esta noche y no descansando. A propósito, ¿quieres bailar conmigo, Grace?

Grace: Mmm… ¿por qué no? ¡Vamos!

Francisco: ¡Genial!

WANT TO DANCE WITH ME?

Francisco: Hello, Miss; I noticed that you're sitting here all alone in such a busy club, and you haven't danced with anybody. Would you mind if I sit with you?

Grace: Hello. There isn't any problem with that, though I'm just enjoying the music.

Francisco: Excellent. My name is Francisco, pleased to meet you.

Grace: Grace, a pleasure.

Francisco: Elegant name. So what do you do for a living, Grace?

Grace: I'm a nurse, but I'm currently off my shift. What about you?

Francisco: I'm a systems engineer; I'm passing through this area. I wanted to check out what this city's night life is like.

Grace: Great, actually it's very good. This club is just one of many in this part of the city. You should go to *Blue Sky,* it's nearby.

Francisco: If you recommend it, you should actually come with me to enjoy it too. In fact, you're invited, Nurse Grace. Let me pay your bill.

Grace: You have no reason to do that.

Francisco: I insist. Here you go, bartender. Now, shall we leave, Grace?

Grace: Fine. Oh, you parked your car nearby. Do you know where the place I mentioned is?

Francisco: No idea; you're going to have to guide me there.

Grace: Sure, no problem with that. Continue along this same street, and when you reach the traffic lights, turn right.

Francisco: Oh, this way? Ah, I see it now. Well, looks like we're here at *Blue Sky*. It definitely seems like many people come on weekends. Wanna go in?

Grace: Yeah, this place is new and people love it. It's almost exclusively made for dancing and having an awesome time. I hadn't been able to come because my timetable doesn't allow me the chance to go out.

Francisco: I get it; the life of a nurse is one of sacrifice. I don't even understand how you're out here enjoying yourself and not having a well-deserved rest. Oh, by the way, Grace, do you want to dance?

Grace: Mmm… why not? Let's go!

Francisco: Great!

94

LA APUESTA

-

THE BET

Janina: ¡Daniel! Por fin estás acá, ya estaba cansada de esperar por ti.

Daniel: Sí, disculpa Jani. Había mucho tráfico y el autobús no avanzaba. Por fin pude llegar hasta ti. Tenía todo el día esperando llegar a las montañas. Quiero escalar desde hace un año.

Janina: Sí, aunque mejor no hablemos tanto y pongámonos nuestro equipo; no te imaginas lo impaciente que estaba parada aquí. Además, ya hay otras personas escalando y eso me hizo sentirme más incómoda.

Daniel: De nuevo disculpa. Bueno, ¿dónde está el equipo?

Janina: Acá, ya traje el de ambos. ¿Crees que puedes con esta pared después de tanto tiempo sin escalar? Yo pienso que no. Estás oxidado, amigo.

Daniel: ¿Qué? ¿Qué te pasa? Claro que puedo. Incluso creo que puedo escalarla más rápido que tú. Te lo demostraré.

Janina: ¡Debes estar bromeando! ¿En qué mundo escalarías tú una pared más rápido que yo? ¡Pff!

Daniel: Te sorprenderás cuando te enseñe.

Janina: Pues entonces ¡hagamos una apuesta! El que suba más rápido gana el premio.

Daniel: Interesante… ¿Cuál es el premio? Se me ocurren varias cosas…

Janina: ¿Sí? ¿Como cuáles?

Daniel: Tengo mucha hambre, así que un buen almuerzo en un restaurante no estaría mal.

Janina: ¡Vamos entonces!

Daniel: ¡Guao! Esto sí me está costando.

Janina: ¡Ja! Trata de alcanzarme, Daniel.

Daniel: Ahí voy, sé que puedo…

Janina: Oh no, parece que sí me estás alcanzando. ¡Debo apurarme!

Daniel: Ni apurándote vas a poder. Verás, mi espíritu guerrero va a llevarme a la victoria.

Janina: ¡¿De qué rayos hablas?! ¡Sólo escala y no hables tanto!

Daniel: ¡Listo! Alcancé la cima, ¡gané!

Janina: Demonios, es como si nunca hubieses dejado de escalar. Ahora tengo que brindarte el almuerzo.

Daniel: Sí, y voy a querer una hamburgesa doble con queso, con una porción de papas fritas y una merengada de brownie. ¡Gracias, preciosa!

Janina: Te odio…

THE BET

Janina: Daniel! You're finally here; I was getting tired of waiting for you.

Daniel: Yeah, sorry Jani. There was a lot of traffic, and the bus couldn't move forward. I'm finally here with you. I've been waiting to get these mountains all day. I have wanted to climb for a year now.

Janina: Yeah, though we better not talk so much and start putting our gear on; you can't imagine how impatient I've been here waiting. Furthermore, there are already other people climbing and it made me feel even more uncomfortable.

Daniel: Sorry again. Okay, so where is the gear?

Janina: Here, I already grabbed one for each of us. Do you think you can climb this wall after spending so long without climbing? I don't think so. You're rusty, bro.

Daniel: What? What's wrong with you? Of course I can. I think I can even climb it faster than you. I'll prove it to you.

Janina: You must be kidding! In what world could you climb faster than me? Pff!

Daniel: You'll be amazed when I show you I can.

Janina: Well then, let's bet on it! Whoever climbs to the top faster wins the prize.

Daniel: Interesting… What is the prize? Several different things come to mind…

Janina: Yeah? Like what?

Daniel: I'm very hungry, so a nice full meal at a restaurant wouldn't be a bad idea.

Janina: Let's go, then!

Daniel: Wow! This is really killing me.

Janina: Ha! Catch me if you can, Daniel.

Daniel: I'm on my way to; I know I can do it…

Janina: Oh no, it looks like you really are gaining on me. I have to hurry!

Daniel: Not even rushing to the top will you beat me. You'll see, my warrior spirit will lead me to victory.

Janina: What the heck?! Just be quiet and climb!

Daniel: Done! I've reached the summit and I've won!

Janina: Crud, it's like you never stopped climbing at all. Now I have to buy you lunch.

Daniel: Yeah, and I'm going to want a doble cheeseburger with a serving of fries and a brownie shake. Thanks, precious!

Janina: I hate you…

95

PERDÓNAME

-

FORGIVE ME

Rodrigo: Oh, hola Paula. Ha pasado mucho tiempo, jamás pensé que te vería por estos lados.

Paula: Sí, Rodrigo. No diré que estoy feliz de verte, porque eso es mentira. Las cosas no terminaron bien.

Rodrigo: Tienes razón… No terminaron nada bien, y creo que te debo una disculpa.

Paula: ¿De verdad después de tanto aún quieres disculparte y reconocer tus errores?

Rodrigo: Sí, Paula. Yo siempre supe que estaba equivocado, pero el orgullo no me dejaba admitírtelo. Aún así, la consciencia me comía.

Paula: Vaya, jamás pensé que escucharía estas palabras de tu boca, Rodrigo. Estoy sorprendida.

Rodrigo: Todos nos equivocamos, aunque eso no me excusa. Fueron muchas mentiras; yo era muy inmaduro y no sabía lo que era valorar a una persona como tú. Eres una excelente chica, merecías mucho más y no te lo supe dar.

Paula: Increíble que te tardaste dos años en darte cuenta de eso, ¿no?

Rodrigo: Sí, aunque la vida me ha castigado a su manera. No he conseguido a nadie que valga la pena desde que fuimos novios, y no tengo certeza de que alguna vez consiga, tampoco.

Paula: Yo creo que sí, Rodrigo. Debes haber madurado y dejado esas actitudes atrás. Por algo te estás disculpando.

Rodrigo: ¿Y tú, tienes pareja?

Paula: Estoy saliendo con alguien, pero tampoco he tenido una relación seria desde que estuve contigo. Necesitaba un tiempo prudente para recuperarme; ni siquiera había salido con nadie hasta hace poco.

Rodrigo: ¿Y él te trata bien?

Paula: Es un caballero, la verdad. Hasta ahora me ha impresionado.

Rodrigo: Estoy muy feliz por ti, Paula. Te lo mereces. Entonces… ¿estoy disculpado?

Paula: Sí, Rodrigo. Estás disculpado. Ahora dame un abrazo y olvidemos todo lo malo.

FORGIVE ME

Rodrigo: Oh, hi Paula. It's been so long, I never thought I'd see you around these parts.

Paula: Yes, Rodrigo. I can't say I'm happy to see you, because that would be a lie. Things between us ended badly.

Rodrigo: You're right... They didn't end well at all, and I believe I owe you an apology.

Paula: Even after so long are you willing to say sorry and recognize your mistakes?

Rodrigo: Yes, Paula. I always knew I had made a mistake, but pride didn't let me demonstrate it. Even so, my conscious was eating at me.

Paula: Wow, I never thought I'd hear those words from your mouth, Rodrigo. I'm amazed.

Rodrigo: We all make mistakes, although that doesn't excuse me. I lied too many times; I was simply too immature and didn't know how to value a person like you. You're an excellent girl, you deserved much more and I didn't know how to give it to you.

Paula: Incredible that it took you two whole years to realize that, ¿no?

Rodrigo: Yeah, although life has punished me in its own way. I haven't found anyone worth it since we broke up, and I'm uncertain if I ever will.

Paula: I believe you will, Rodrigo. You must have grown more mature and left that previous behavior behind. You're saying sorry now, after all.

Rodrigo: What about you, are you with anybody?

Paula: I'm going out with someone, but I haven't had a serious relationship since we were together either. I needed a prudent time to recover; I hadn't even gone out with anyone until this guy.

Rodrigo: Does he treat you well?

Paula: He's a gentleman to be honest. He's impressed me so far.

Rodrigo: I'm very happy for you, Paula. You deserve it. So... am I forgiven?

Paula: Yes, Rodrigo. You're forgiven. Now give me a hug and let's forget all of the bad stuff.

96

¡CÁLMATE, POR FAVOR!
-
CALM DOWN, PLEASE!

Roberto: No sé, ya no estoy seguro de querer viajar, Carmen. Estoy nervioso.

Carmen: ¿De qué hablas, Roberto? ¿Qué tienes que estás así, pálido?

Roberto: Malos presentimientos. No sé, creo que algo malo va a pasar.

Carmen: ¿Es por el vuelo?

Roberto: Sí, ¿acaso no has visto los accidentes de avión? Muchas veces no sobrevive nadie, o casi nadie. Además, pueden secuestrar el avión y ahí será terrible.

Carmen: ¿Estrellarnos? ¿Secuestros? Por favor, Roberto. ¿Esas son las cosas que te pasan por la mente? A la gente normal le preocupa si la comida del avión va a estar buena.

Roberto: ¡La gente normal piensa que todo estará bien siempre, por eso les pasan las cosas!

Carmen: ¿Y acaso podrás hacer algo tú si sucede algo? ¿No, verdad?

Roberto: Al menos estaré prevenido. Oh rayos, ya nos toca abordar. ¡Tengo miedo!

Carmen: Me estás haciendo molestar, Roberto. ¡Compórtate! No debería tener que decirle eso a mi esposo, ¡pareces un gran bebé!

Roberto: ¡He visto los casos donde los aviones se parten en el aire y comienzan a caer!

Carmen: ¡Eso lo viste en una serie de televisión! ¡No me hagas molestar, deja de hablar así!

Roberto: Tengo mucho miedo. Ya no quiero ir a España, quiero quedarme. ¡Oh no, el avión ya está rodando, no, no! ¡Quiero bajarme!

Carmen: ¡Baja la voz!

Roberto: De acuerdo, aunque ya está comenzando a subir. Aquí ocurren la mayoría de los accidentes, cuando—

Carmen: ¡Ya, cállate!

Roberto: Ok…

Carmen: Disculpa, Roberto, pero admito que me estabas asustando.

Roberto: Bueno, estás disculpada, pero discúlpame tú a mí por mi comportamiento. Ya estamos volando tranquilamente y no ha explotado el avión ni nada. Creo que era un ataque de pánico.

Carmen: Eso es aceptable. No te preocupes. Vamos a calmarnos, escuchar música y leer unas revistas mientras volamos a nuestro destino.

Roberto: Está bien. Para la próxima trataré de mentalizarme en que todo va a salir bien.

Carmen: Sí, por favor.

CALM DOWN, PLEASE!

Roberto: I don't know, Carmen, I'm not so sure about wanting to travel anymore. I'm nervous.

Carmen: What are you talking about, Roberto? Why are you so pale all of a sudden?

Roberto: Bad feelings. I don't know, something bad is about to happen.

Carmen: Is it about the flight?

Roberto: Yes, haven't you seen the videos of plane accidents? Many times there are no survivors, or at least almost no survivors. In other occasions, they can hijack the plane and things turn really bad.

Carmen: Crashing? Hijacking? Please, Roberto. Are those the things going through your head right now? Normal people care more about the plane's meal actually being good.

Roberto: Normal people think that things are always going to be okay, which is why bad things happen!

Carmen: Yeah, but if something happens will you be able to change it? No, right?

Roberto: At least I'll be wary. Oh crap, it's time to board the plane. I'm frightened!

Carmen: You're making me angry, Roberto. Behave! I shouldn't have to say that to my husband, you're acting like a big baby!

Roberto: I've seen cases of planes breaking up in the sky and plummeting to the ground!

Carmen: You saw that on a TV show! Stop talking like that, don't make me angry!

Roberto: I'm very scared. I don't want to go to Spain anymore, I want to get off. Oh no, the plane is moving, no, no! Let me off this plane!

Carmen: Lower your voice!

Roberto: Okay, though it's starting to rise. This is when most accidents take place, when—

Carmen: Enough, shut up!

Roberto: Ok…

Carmen: I'm sorry, Roberto, you were really starting to scare me.

Roberto: Well you're forgiven, but forgive me too for my behavior. We're flying calmly now and the plane hasn't exploded or anything. I think I was having a panic attack.

Carmen: That's aceptable. Don't worry. Let's calm down, listen to some music and read some magazines while we fly to our destination.

Roberto: Fine. Next time I'll just psyche myself up for a calm journey.

Carmen: Yes, please.

97

BABY SHOWER

-

BABY SHOWER

John: ¡Se acerca tu gran momento, Gabriela! ¿Cuántos meses tienes ya?

Gabriela: ¡Sí, John! ¡Estoy super emocionada! Y bueno, ya tengo seis meses y medio. ¡El bebé está creciendo rápido y todos estamos ansiosos por conocerlo!

John: ¿*Lo*? ¿Es un varón entonces? ¡Que alegría tan grande! Imagino que tu esposo está muy orgulloso.

Gabriela: Por supuesto; él quería un bebé desde hace dos años, pero no habíamos tenido suerte. Y sí, es un pequeño varoncito. Le pondremos Vicente, como su abuelo, el cual hubiese querido conocerlo.

John: Sí, tu padre era un gran hombre. Es una bella dedicatoria que le escojas ese nombre al bebé. Pero bueno, no más recuerdos tristes, ¿cuéntame cuándo es el *baby shower*?

Gabriela: En dos semanas, John. ¡Tienes que ir! Has sido mi mejor amigo desde la universidad, y aquel bello hombre que me ha apoyado tanto.

John: ¡Bueno, te diré desde ya que jamás faltaría! Eso sí, dígame qué debo llevar y lo haré. ¡Ya sabes cuánto amo las fiestas!

Gabriela: Bueno, primeramente necesito una buena repostera para el pastel; luego creo que necesitaré entradas para los invitados. Las personas que tenía pensadas para esas tareas no van a poder. No quiero que se dañe la fiesta por eso, John.

John: Cuenta conmigo, mi querida Gaby. Yo tengo una prima que es dueña de una agencia de festejo, y seguramente va a resolverte todo por un precio económico.

Gabriela: No te creo, ¿en serio? ¡Siempre me salvas la vida, mi amigo bello!

John: Tú sólo concéntrate en comer bien y descansar para que ese bebé nazca sano, inteligente y hermoso como su madre.

Gabriela: Me haces sonrojar. Bueno, entonces toma mi número y estamos en contacto para hablar con tu prima. No lo olvides.

John: Jamás. La llamaré esta misma tarde. ¡Fue un placer verte, Gabriela!

Gabriela: ¡Igual tú, cuídate!

BABY SHOWER

John: Your big moment is coming, Gabriela! How many months is it now?

Gabriela: Yeah, John! I'm super excited! And, well, six months and a half. The baby is growing quickly and we're all anxious to meet him!

John: *Him?* So it's a little boy, then? What wonderful news! I imagine that your husband is very proud.

Gabriela: Of course; he's wanted a baby for two years, but we hadn't had any luck. And yes, he's a little boy. We'll call him Vicente, just like his grandpa, who would have loved to meet him.

John: Yes, your father was a wonderful man. It's a beautiful tribute that you're giving your son his name. Anyway, no more sad memories; when is the *baby shower*?

Gabriela: In two weeks, John. You must go! You've been my best friend since university, and that beautiful man that has supported me so many times.

John: Well, let me tell you now that I'd never miss it! That said; tell me what I must help with and I'll get it. You know how much I love parties!

Gabriela: Well, firstly I need a good pastry chef for the cake; and then I'll need appetizers for the guests. The people I had in mind for those tasks won't be available. I don't want the party to fall apart because of that, John.

John: Count on me, my beloved Gaby. I have a female cousin who's in charge of an event agency, and she'll surely deal with everything for a cheaper price.

Gabriela: I can't believe it, really? You always save my life, my gorgeous friend!

John: You just concentrate on eating well and resting so that baby is born as healthy, intelligent and cute as his mother.

Gabriela: You make me blush. Well, take my number then and we'll stay in contact so that we can talk to your cousin. Don't forget.

John: Never. I'll call her this same afternoon. It was a pleasure seeing you, Gabriela!

Gabriela: Same to you, take care!

98

EVADIENDO RESPONSABILIDADES
–
EVADING RESPONSIBILITIES

Tomás: Hola Irene, ¿cómo estás? ¿Aún vas a venir a mi casa para hacer la tarea?

Irene: ¡Sí, Tomás! Precisamente venía a decirte que ya estoy lista para ir. Tenemos que avanzar; la asignación es para mañana y no hemos hecho nada.

Tomás: Por supuesto, no podemos dejar eso para más adelante. Ya los otros grupos están trabajando.

Irene: Sí, y esa materia es muy importante. No podemos salir mal, o podríamos tener que repetirla el semestre que viene. Eso sería una tragedia.

Tomás: Exacto. Mejor vayamos andando a mi casa para aprovechar el tiempo.

Irene: Perfecto. Apenas lleguemos quiero empezar.

Tomás: Bueno, ya estamos acá. Aun así, tengo hambre. ¿Tú no? Comamos primero.

Irene: Preferiría que comencemos a trabajar, pero bueno está bien.

Tomás: Gracias por entender. Voy a preparar algo. De acuerdo, ya está preparado. Vamos a comer.

Irene: Comamos rápido para poder comenzar. En serio me preocupa el poco tiempo que nos queda para la fecha de entrega.

Tomás: Claro, sí. Bueno, ya comimos. Pero tampoco podemos trabajar acabando de comer. Mejor descansamos un rato, ¿no crees?

Irene: No me parece, deberíamos empezar ya. Por favor, tratemos de que el descanso sea breve.

Tomás: Oye, ¿no has jugado el nuevo videojuego de realidad virtual? Lo tengo aquí, tienes que probarlo.

Irene: ¡¿Qué?! ¡¿Jugar?! Tenemos que terminar la asignación, Tomás.

Tomás: Es sólo un momento.

Irene: Ok, pero sólo si vamos a trabajar apenas terminemos. Vaya, sí es increíble este juego. Me encanta. Ah, me morí. Voy a intentar de nuevo.

Tomás: Sí, tiene un alto grado de dificultad este juego. Me vuelve loco a veces. Bueno, tengo otro juego, si quieres intentarlo.

Irene: Sí, buena idea. Un momento, ¿qué hora es?

Tomás: Las seis de la tarde.

Irene: ¡¿Qué?! ¡Ya tenemos tres horas aquí y no hemos avanzado en nada!

Tomás: ¡Guao! ¿Cierto, ahora qué haremos?

Irene: Guarda todo y vamos a empezar, ¡ya basta de juegos y distracciones!

Tomás: Está bien, está bien. Sólo tenías que decirlo desde un principio…

Irene: Eres un caso perdido…

EVADING RESPONSIBILITIES

Tomás: Hello Irene, how are you? Are you still coming to my house to the schoolwork?

Irene: Yes, Tomas! I was precisely coming towards you to tell you that I'm ready. We have to make progress; the assignment is due for tomorrow and we haven't advanced at all.

Tomás: Of course, we can't leave it for later on. The other student groups are already working on it.

Irene: Yeah, and that subject is very important. We can't fail, or there's a chance we could have to repeat it next semester. That would be a tragedy.

Tomás: Exactly. Let's start walking towards my house so we can avoid wasting time.

Irene: Perfect. I want to start as soon as we arrive.

Tomás: Well, we're here. Even so, I feel very hungry. What about you? Let's eat first.

Irene: I'd prefer that we begin as soon as possible, but it's okay I guess.

Tomás: Thanks for understanding. I'm going to prepare something right now. Okay, it's done. Let's eat.

Irene: We have to eat quickly so we can advance. I'm really worried about how little time we have before we have to turn it in.

Tomás: Sure, yeah. Well, we're done eating. But we can't exactly start working if we've just eaten. Let's rest for a moment, don't you think?

Irene: No, I don't think so, we should start right away. But please, let's try to make the rest brief.

Tomás: Hey, haven't you tried the newest virtual reality video game? I have a copy here, you have to try it.

Irene: What?! Play games?! We have to finish the assignment,

Tomas.

Tomás: It's just a moment.

Irene: Ok, but only if we're going to work as soon as we're done. Wow, the game certainly is amazing. I love it. Ah, I died. I'm going to try again.

Tomás: Yeah, the game has a very high difficulty level. It drives me nuts sometimes. Well, I also have another game if you want to play it.

Irene: Yeah, good idea. One moment, what time is it?

Tomás: Its six o' clock.

Irene: What?! We've been here for three hours and haven't made any progress at all!

Tomás: Wow! True, now what?

Irene: Put everything away and let's begin, enough games and distractions!

Tomás: Alright, alright. You only had to say that from the beginning…

Irene: You're a lost cause…

99

¿CÓMO EXPLICO ESTO?

-

HOW DO I EXPLAIN THIS?

Mariana: ¿Hijo? ¿Hijo? ¿Dónde estás que te he buscado por todas partes? Ah, ya te ví hijo, ¡no te escondas!

José: ¡Oh no, espera un momento, mamá! No entres al balcón aún, ¡ya va!

Mariana: ¿Por qué? ¡Voy a entrar! Un momento, este balcón tiene un olor fuerte. Dime la verdad, José.

José: Mamá, por favor, no te molestes conmigo. ¡Por favor!

Mariana: ¿Estabas fumando, verdad? Que decepción, hijo. De verdad no pensé que caerías en eso.

José: Tú también fumas, mamá. De verdad no es lo peor del mundo.

Mariana: No importa si yo fumo, José. Tú tienes dieciseis años. Esto es un desastre, tendré que contarle todo a tu papá.

José: ¡No, ya va, ten piedad de mí, mamá! ¡Él no debe saber nada!

Mariana: Pero hiciste algo que te prohibimos. ¿Qué más puedo hacer? Nunca imaginé que te encontraría fumando.

José: No es mi culpa, es que todos en la escuela están fumando y me hizo introducirme en ese mundo.

Mariana: ¡¿Qué?! ¿Todos?

José: Sí, en serio puedo explicarlo todo. ¡No le cuentes a mi papá y escúchame!

Mariana: No sé, hijo. No me parece que estás en condiciones de estarme exigiendo en este momento.

José: Lo que pasa es que quiero estar seguro de que no vas a contarle. Bueno, mis amigos comenzaron hace unos meses, y no pensé que yo también empezaría. Pero lo hice. De verdad, no sé qué hacer. ¡Ayúdame, mamá!

Mariana: Mmm… ya no estoy tan molesta. No quieres continuar, por lo visto, pero la presión de tus amigos te hace seguir. ¿Cierto?

José: Exacto. No puedo ir contra la corriente, mamá.

Mariana: Está bien. Ahora que entiendo mejor, voy a tratar de ayudarte. Esto no saldrá de entre nosotros, te lo prometo.

José: De verdad, ¡gracias mamá! Sabía que podía contar contigo para lo que fuera.

HOW DO I EXPLAIN THIS?

Mariana: Son? Son? Where are you, I've looked everywhere and can't find you? Ah, I see you, son, don't hide from me!

Jose: Oh no, wait a minute, mom! Don't come into the balcony yet, wait!

Mariana: Why? I'm going in! Wait a sec, this balcony has a strong smell to it. Tell me the truth about what you were just doing, Jose.

Jose: Mom, please, don't get angry at me. Please!

Mariana: You were smoking, weren't you? What a disappointment, son. I really didn't imagine you'd start doing that.

Jose: You smoke too, mom. It really isn't the worst thing in the world.

Mariana: It doesn't matter if I smoke or not, Jose. You're sixteen years old. This is a disaster, I'm going to have to tell your dad.

Jose: No, wait, have mercy on me, mom! He musn't know anything!

Mariana: But you did something we forbid you from doing. What else can I do? I never imagined I'd find you smoking.

Jose: It's not my fault, it's just that everyone at school is smoking, and I was slowly introduced to the habit.

Mariana: What?! All of them?

Jose: Yes, I really can explain everything. Don't tell my dad and just listen!

Mariana: I don't know, son. I don't think you're in conditions to demand anything from me right now.

Jose: What I want to make sure is that you won't tell him. Anyway, my friends started a few months ago, and I didn't think

I'd also end up doing it. But I did. I really, really don't know what to do. Help me, mom!

Mariana: Mmm… I'm no longer as angry anymore. You don't want to keep smoking, but by the looks of things, peer pressure is making you continue. Right?

Jose: Exactly. I can't go against the flow, mom.

Mariana: Fine. Now that I understand better, I'm going to try to help you. This won't leave the two of us, I promise you.

Jose: Really, thank you mom! I knew I could trust you with whatever I needed.

100

PELIGRO

-

DANGER

Alejandro: ¡Estoy cansado, ha sido un día muy largo para mi gusto! No veo la hora de que lleguemos a la estación de tren.

Natalia: Sí, hoy no ha sido fácil para ninguno de los dos. Pero no te preocupes, que estaremos en casa en cualquier momento.

Alejandro: Eh, ¿Natalia? No voltees descaradamente, pero esos tipos que vienen detrás de nosotros tienen rato siguiéndonos, creo.

Natalia: Déjame ver… mmm, ¿sí? No me había dado cuenta. Y vienen mirándonos. Esto es muy raro, ¿qué hacemos?

Alejandro: Apura el paso y vamos a tratar de evadirlos. No voltees más.

Natalia: De acuerdo, aunque ya estoy nerviosa.

Alejandro: No temas, sólo caminemos rápido y con cuidado. Rápido, sígueme por aquí.

Natalia: De acuerdo, por acá también podemos llegar a la estación de tren. ¿Será que quieren robarnos?

Alejandro: Eso creo. Es tarde y no hay tantas personas en la calle. Seguro quieren asaltarnos; no nos quedemos para averiguarlo.

Natalia: Sí, tienes razón. Por acá hay unas escaleras que llevan más cerca a la estación, vamos.

Alejandro: Sí, mejor. Oye, creo que no nos están siguiendo ya. ¡No, ya va, ahí vienen! ¡Definitivamente nos están siguiendo!

Natalia: ¡No me gusta esto! ¡Llamemos a la policía!

Alejandro: Cálmate, no hay policías cerca. Entra aquí y sigamos adelante. Casi los perdemos ya verás.

Natalia: Ah, entiendo, ¡ahí está el tren! ¡Vamos!

Alejandro: ¡Guao! Eso estuvo cerca, mi amor. No salgamos más a esta hora por la ciudad, no es nada segura. No quiero que nos pase nada.

Natalia: Ni yo. Ahora vamos a casa, nos merecemos un descanso.

DANGER

Alejandro: I'm tired, today has been too much of a long day for my taste! I can't wait until we finally get to the train station.

Natalia: Yeah, today hasn't been an easy day for any of us. But don't worry; we'll be back home at any minute.

Alejandro: Uh, Natalia? Don't turn around blatantly, but those guys walking behind us have been following us for a while, I think.

Natalia: Let me see... mmm, yeah? I hadn't realized that. And they're watching us right now. This is very strange, what do we do now?

Alejandro: Walk quickly and let's try to evade them. Don't turn around again.

Natalia: Fine, but I'm already feeling nervous.

Alejandro: Don't fear them, let's just hurry our pace and be careful. Quick, follow me through here.

Natalia: Okay, we can reach the train station this way as well. Do you think they want to rob us?

Alejandro: That's what I think. It's late and there aren't many people left on the street. I'm sure they want to mug us, but we won't stick around to find out.

Natalia: Yeah, you're right. There's some stairs this way that lead straight to the station, let's go.

Alejandro: Yeah, it's better. Hey, I don't think they're on our trail anymore. No, wait, here they come! They're definitely following us!

Natalia: I don't like this at all! Let's call the police!

Alejandro: Calm down, there aren't any officers nearby. Go in here and keep walking. We've almost lost them, just watch.

Natalia: Ah, I understand, the train is right there! Go!

Alejandro: Wow! That was close, my love. Let's not go out into the city at this time again, it's not safe. I don't want anything bad to happen to us.

Natalia: Nor do I. Now let's go home, we deserve a rest.

101

SINTIÉNDOSE MAL
-
FEELING UNWELL

Dra. Eva: Hola Frank, ¿cómo has estado?

Frank: Bueno doctora, no muy bien. Por eso estoy aquí.

Dra. Eva: Oye, pero que mal. Tenías tiempo sin pasar por acá. ¿Qué te sucede?

Frank: Regresaron mis problemas estomacales, tengo acidez y dolores abdominales; no estoy en mis mejores momentos.

Dra. Eva: Ay, entiendo. Bueno, ¿supongo que trajiste los resultados de los exámenes de laboratorio, no?

Frank: Sí, como siempre hago. Aquí tiene.

Dra. Eva: Mmm... ya veo. Bueno, acuéstate que te voy a hacer una ecografía abdominal.

Frank: Perfecto. Espero todo esté relativamente bien; no quiero sorpresas desagradables.

Dra. Eva: Nada de eso, Frank. Tranquilo, sólo relájate.

Frank: Ok. Bueno ya estoy acostado, puedes empezar.

Dra. Eva: Sí. Mmm, ya estoy viendo. Tienes que comer bien, tienes mucha grasa acumulada. Además, tienes problemas de gastritis y del colon. Eso significa que definitivamente vas a tener que comenzar una dieta.

Frank: ¿Dieta? Odio las dietas, doctora. ¿No hay otra solución?

Dra. Eva: La verdad no, Frank. Podrás tragarte mil pastillas, pero sin dieta no valdrá la pena nada de eso que hagas.

Frank: Rayos, eso sí que es una mala noticia. Me gusta comer lo que quiera.

Dra. Eva: Sí, pero eso que has comido hasta ahora te está haciendo daño. De ahora en adelante cero frituras y bebidas gaseosas. Ah, y no más alcohol ni café por varios meses, ¿de acuerdo?

Frank: ¿Quieres matarme?

Dra. Eva: No, Frank. Quiero salvarte. Ahora déjame terminar para recetarte los medicamentos. Espero que cuando regreses ya estés más delgado y más sano.

Frank: Sí, yo también lo espero. Gracias, doctora.

FEELING UNWELL

Dra. Eva: Hello Frank, how have you been?

Frank: Well doctor, not so good. Which is why I'm here.

Dra. Eva: Oh, that doesn't sound nice. You hadn't come back around here for a while. What's wrong?

Frank: My stomach issues are back, I have heartburn and abdominal pain; I'm not in my best moments right now.

Dra. Eva: Ah, I get it. Well, I'm guessing you brought the lab test results, right?

Frank: Yes, like I always do. Here you go.

Dra. Eva: Mmm… I see. Well, lie down because I'm going to do an abdominal ultrasound on you.

Frank: Perfect. I hope everything is relatively okay; I don't want uncomfortable surprises.

Dra. Eva: None of that, Frank. Calm down, just relax.

Frank: Ok. Well I'm lying down, you can begin.

Dra. Eva: Yes. Mmm, I'm already seeing it. You have to eat well, you have a lot of accumulated fat. Furthermore, you have gastritis and colon problems. That means you'll definitely have to begin a diet.

Frank: A diet? I hate diets, doc. Isn't there another solution?

Dra. Eva: In truth, Frank, no. You can swallow a thousand pills, but if you don't follow a diet, none of that will be worth anything.

Frank: Yikes, that sure is very bad news. I love eating whatever I want.

Dra. Eva: Yeah, but it's precisely that which you've eaten which has brought these problems. From now on, no fried food or sodas. Oh, and no more alcohol or coffee for the next few months, okay?

Frank: Are you trying to kill me?

Dra. Eva: No, Frank. I'm trying to save you. Now let me finish so that I can tell you what treatment you'll follow. I hope that when you come back to me you're thinner and healthier.

Frank: Yeah, I hope so too. Thanks, doctor.

102

¡QUE ABURRIMIENTO!

–

HOW BORING!

Sam: Nunca pensé que íbamos a estar encerrados durante todo el fin de semana. En serio voy a volverme loco en esta casa, ¡auxilio!

Christina: Sí, esto es una tortura lenta y dolorosa. Creo que debimos haber viajado con nuestros padres en vez de quedarnos aquí.

Sam: Y pensar que no viajamos porque no queríamos levantarnos temprano para ir.

Christina: Es la peor decisión que hemos tomado en mucho tiempo. Acá no ocurre nada interesante.

Sam: Y si ocurre, nunca dura mucho. ¿No quieres jugar video juegos?

Christina: La verdad que no. Y tú, ¿quieres jugar baloncesto?

Sam: Tampoco. Me da flojera. ¿Y si pintamos o dibujamos algo, no sé?

Christina: Nah. Podríamos ver unas películas, creo. Así pasamos el rato y nos olvidamos de nuestro aburrimiento.

Sam: Puede ser. El problema es que tú y yo tenemos gustos distintos. ¿En qué género pensabas?

Christina: Algo de comedia, quizás.

Sam: ¿Comedia? Lo mío es la acción, la ciencia ficción y el misterio, ¿sabes?

Christina: Sí sé, pero es cierto que no es lo mío. Bueno, busquemos algo que no sea de ninguno de los dos, para no favorecer a nadie. ¿Romance?

Sam: No gracias.

Christina: ¿Caricaturas?

Sam: Depende. ¿Las de niños, o ya para todas las edades?

Christina: Todas las edades.

Sam: De acuerdo. Vamos a ver una.

Christina: Ya empezó. Oye, sigo aburrida, ¿y tú? Esto no está funcionando.

Sam: Tienes razón. Mejor vayamos a caminar. No tengo ganas de nada en realidad, pero será.

Christina: Vamos.

HOW BORING!

Sam: I never thought we'd be locked up at home for an entire weekend. I really think we're going to go insane in this house, help!

Christina: Yeah, this is a really slow and painful torture. I think we should have gone on that trip with our parents instead of staying behind.

Sam: And to think that we didn't go with them because we didn't want to get up early to leave.

Christina: It's the worst decision we've made in a very long time. Nothing interesting happens around here.

Sam: And if it does, it never lasts long. Do you want to play video games?

Christina: Not really, no. And you, do you want to play basketball?

Sam: Nope. I feel too lazy. What if we paint or draw something, I dunno?

Christina: Nah. We could watch some movies, I think. That way we pass the time and forget about our boredom for a while.

Sam: Maybe. The problem is that you and I have different tastes. What genre were you thinking of?

Christina: Some comedy, maybe.

Sam: Comedy? My favorites are action, science fiction and mystery, you know?

Christina: I know, but they're not my favorites either. Well, let's look for something that isn't the favorite genre of either of us, so that nobody has an unfair advantage. Romance?

Sam: No, thank you.

Christina: Cartoons?

Sam: It depends. Kid cartoons? Or all ages?

Christina: All ages.

Sam: Alright. Let's watch one.

Christina: It's begun. Hey, I'm still bored, and you? This isn't working at all as we'd hoped.

Sam: You're right. We should just go for a walk. I don't feel like doing anything, but I guess that'll do.

Christina: Okay, let's go.

103

¡QUE FRÍO HACE AQUÍ!

-

IT'S SO COLD IN HERE!

Karla: ¡Esta época del año es demasiado extrema! ¡Estoy muriéndome de frío!

Sebastián: Sí, y eso que estamos bastante abrigados, es como si el clima simplemente pasara a través de toda nuestra ropa.

Karla: A veces siento que vivimos en la Antártida. Parecemos pingüinos, congelándonos por las tormentas de nieve.

Sebastián: Estás exagerando, Karla, pero sí, es terrible.

Karla: Así se hace difícil trabajar, y las calles se llenan de nieve y hielo. Me he caído varias veces esta semana viniendo al trabajo, ¡ya no lo soporto más!

Sebastián: Lo siento, Karla. Podemos venir juntos si quieres. Te esperaría en la parada de autobús y caminamos hasta acá poco a poco.

Karla: Sería bueno, Sebas. Bueno, se acerca la hora de irnos a casa. Deberíamos ir saliendo. ¿Será que podemos caminar a la parada de autobús juntos?

Sebastián: De acuerdo. Vaya, sí, el frío está implacable. Este es el invierno más feroz que he presenciado desde que vivo acá. Las calles están prácticamente congeladas y las personas casi no salen a la calle. Si sigue así, podrían paralizar las actividades en las escuelas y los trabajos.

Karla: Amo el calor, ojalá pudiera transportarme a una playa ahorita mismo, en el Caribe con sol, calor y el rico mar a mis pies.

Sebastián: Quizás se pueda, podríamos considerar un escape un fin de semana. ¿Te parece si nos vamos dos días y dos noches a las islas?

Karla: Me encantaría, en serio. Ojalá pudiera ser ahora mismo. ¡No aguanto más!

IT'S SO COLD IN HERE!

Karla: The weather this time of the year is way too extreme! I'm freezing to death!

Sebastián: Yes, even though we're fully clothed and covered, it's as if the weather goes right through our clothing.

Karla: Sometimes I feel like we live in the Antartic. We're like penguins, freezing in the harsh blizzards.

Sebastián: You're exaggerating, Karla, but yeah, it's terrible.

Karla: Working becomes a challenge like this, and the streets are filled with snow and ice. I've fallen down several times coming to work, I can't stand it anymore!

Sebastián: I'm so sorry, Karla. We can walk to work together if you want. I'd wait for you at the bus stop and we could make our way here slowly.

Karla: It would be good, Sebas. Well, it's almost time to go home. We should start moving. Do you think we could go to the bus stop together?

Sebastián: Alright. Wow, yeah, the cold is unforgiving. This is the most ferocious winter I've ever witnessed here. The streets are practically frozen and people aren't really going out. If this continues, work and school activities could practically come to a standstill.

Karla: I love the heat; I wish I could travel to a beach right now, with the sun, heat and the lovely sea beneath my feet.

Sebastián: Maybe we could, we should consider escaping for the weekend. What do you think about going to the islands for two days and two nights?

Karla: I'd love it, really. I wish it could be right now. I can't stand it any longer!

104

¡POR FAVOR, ENSÉÑAME A LOGRARLO!
-
PLEASE SHOW ME HOW TO DO IT!

Manuela: Hola Louis, ¿vamos a practicar los tiros al arco?

Louis: Sí Manuela. Hoy te enseñaré cómo tomar un tiro libre. ¿Qué te parece?

Manuela: Genial, es algo que tengo tiempo queriendo aprender. ¿Qué debo hacer?

Louis: Bueno, primero estírate y calienta tus músculos con tres vueltas a la cancha. Te esperaré aquí para empezar.

Manuela: De acuerdo. Uno… dos… tres… Uff, bueno ya estoy lista. ¿Qué viene ahora?

Louis: Bueno, primero debes tener en cuenta el posicionamiento del balón. Debes saber si lo que quieres es hacer un pase a tus compañeros, o si quieres tirar directo al arco.

Manuela: Entiendo. Bueno enséñame de ambas maneras.

Louis: Perfecto. Bueno, para hacer un pase, debes tener en consideración que tus compañeros estén en el lugar correcto y que la defensa no pueda interceptar el balón. Por ejemplo, mira esto.

Manuela: ¡Excelente! ¿Muy buen tiro! ¿Y para lanzar directamente al arco?

Louis: Bueno, en ese caso tienes que buscar tu técnica preferida. Por ejemplo, algunos le dan con fuerza y que el balón caiga en el aire, así.

Manuela: ¡Impresionante! A ver si puedo.

Louis: Está regular. Debes tratar de mantener el cuerpo mirando hacia abajo, no te inclines hacia atrás, porque eso hace que vuele por encima del arco. Así, ¿ves? Ahora hazlo tú.

Manuela: Oh, ¡ya! A ver… ¡guao! ¡Lo logré!

Louis: Normalmente no felicito a mis estudiantes, ¡pero estuvo muy bien, Manuela! ¿Será que podrás hacer esto?

Manuela: Oye, ¿cómo hiciste eso? ¡Enséñame!

Louis: Así, mira.

Manuela: A ver… ¡oh! ¡Lo logré!

Louis: Aprendes rápido, Manuela. Excelente, mañana continuamos con las lecciones. Creo que tienes grandes talentos. Esperemos que sigas así.

Manuela: ¡Gracias, Louis! ¡Hasta mañana!

PLEASE SHOW ME HOW TO DO IT!

Manuela: Hello Louis, are we going to practice shots on goal today?

Louis: Yes Manuela. Today I'll teach you how to take a free kick, what do you think?

Manuela: Great, it's something I've wanted to learn. What do I have to do?

Louis: Well, first you have to stretch and then warm up with three laps around the pitch. I'll wait here so we can begin.

Manuela: Alright. One... two... three... Ugh, well, I'm ready now. What comes next?

Louis: First you have to take into account the positioning of the ball. You must know if what you want to do is make a pass to your team mates or if you want to shoot directly on goal.

Manuela: I understand. Well, show me both ways.

Louis: Perfect. Okay, to make a pass, you have to take into consideration that your team mates are in the right position, and that the defense can't intercept the ball. For example, look at this.

Manuela: Excellent! Very good shot! And what about if I want to shoot directly?

Louis: Well in that case you have to find your preferred technique. For example, some hit it with force and allow the ball to fall while in mid-air, like this.

Manuela: Impressive! Let me see if I can do the same.

Louis: That wasn't that good. You must try to keep your body facing down, don't lean back, because that causes the ball to go flying over the goal. Like this, see? Now you try.

Manuela: Oh, right! Let's see... wow! I did it!

Louis: Normally I don't congratulate my students, but that was very good, Manuela! Think you can pull this off?

Manuela: Hey, how did you do that? Show me!

Louis: Like this, look.

Manuela: Let me see… Oh! I did it!

Louis: You learn quickly, Manuela. Excellent, tomorrow we can continue with the lessons. I think you have a lot of talent. Let's hope this continues.

Manuela: Thanks, Louis! See you tomorrow!

105

UNA DESPEDIDA EMOTIVA

-

AN EMOTIONAL FAREWELL

Luisa: Hola Carlos, que alegría verte el día de hoy. De verdad esperaba que pudiéramos coincidir.

Carlos: Hola Luisa, también me alegra verte, ¿pero por qué siento que tienes algo que decirme? Te noto rara.

Luisa: Sí, hay algo que debo decirte. No es una noticia agradable.

Carlos: ¿Qué sucede? Me preocupas, Luisa.

Luisa: Lo que pasa es que hoy termina mi estadía en este hotel; la reservación de mi familia llega hasta hoy y nos regresaremos a nuestro país. Mis padres deben trabajar, yo tengo exámenes a la universidad y la vida debe seguir.

Carlos: ¡No puede ser! Y hoy justamente quería invitarte a bailar en la noche. Oh, no... que tristeza, me sentía tan genial a tu lado todos estos días desde que te conocí.

Luisa: Lo sé, Carlos. También me he sentido igual contigo, quizás por eso me pesan tanto estas palabras. Eres un chico muy especial; si fuera por mí, me quedaría a tu lado mucho tiempo más.

Carlos: Guao, nunca me han dicho palabras tan lindas. ¿Crees que algún día te vuelva a ver? Puedo ir a visitarte cuando me haya graduado, aunque sea podemos hablarnos por las redes sociales, y...

Luisa: Sí, Carlos, pero ya sabes lo que pasa con la distancia y el tiempo, acaban con todo poco a poco. Aún así, confiaré en tus palabras. Creeré en ti y te daré el chance de visitarme más adelante si deseas.

Carlos: Gracias, Luisa. Has causado cosas dentro de mí que nadie más había logrado. Ya me verás llegar a tu puerta con un ramo de rosas y una sonrisa en la cara.

Luisa: ¿Y por qué? ¿Por qué soy tan especial para ti que harías eso?

Carlos: Porque eres única y auténtica, y porque contigo siento que puedo también ser completamente real.

Luisa: Gracias, Carlos. Significa mucho para mí que digas eso. Debo irme, ya se acabó nuestro tiempo aquí.

Carlos: Espera, una cosa más.

Luisa: Oh, ¡me besaste!

Carlos: Sí. Guárdalo para cuando nos volvamos a ver. Ahora sí puedes irte, hasta pronto.

AN EMOTIONAL FAREWELL

Luisa: Hello Carlos, how happy it makes me to see you today. I truly hoped we could meet.

Carlos: Hi Luisa, it also fills me with joy to see you, but why do I feel you have something big to tell me? You look a bit strange today.

Luisa: Yeah, there's something I must tell you. It's not a nice piece of news.

Carlos: What's going on? You're worrying me, Luisa.

Luisa: Yeah, the thing is that my time at this hotel is about to end; my family's reservation runs out today and I must return to my country. My parents have to work, I have exams at my university and life must go on.

Carlos: It can't be! And tonight I was already planning to take you to dance. Oh, no… what a shame, I've felt so good these past days since I met you.

Luisa: I know, Carlos. I've also felt great with you, which is why these words are so bitter in my mouth. You're a wonderful guy; if it were for me, I'd stay at your side for much longer.

Carlos: Wow, I've never been told such beautiful words. Do you think I'll ever see you again? I can visit you once I've graduated, maybe we can communicate through social media, and…

Luisa: Yes, Carlos, but you know what happens with enough time and space, they kill everything eventually. Even so, I'll trust in your words. I'll believe in you and give you the opportunity of visiting me further ahead.

Carlos: Thanks, Luisa. You've caused things in my heart that nobody had previously caused before. Just watch, you'll see me arrive at your door with a bouquet of flowers and a smile on my face.

Luisa: Why though? Why am I so special to you that you'd do all of that?

Carlos: Because you're unique and authentic and because at your side I've felt that I can also be completely real.

Luisa: Thank you, Carlos. It means a lot to me that you believe that. I must go, our time here is over.

Carlos: Wait, one more thing.

Luisa: Oh, you kissed me!

Carlos: Yes. Save it for when we see each other again. Now you can go, see you soon.

FREE SPANISH VIDEO COURSE

LEARN OVER 200 USEFUL WORDS
AND PHRASES IN SPANISH

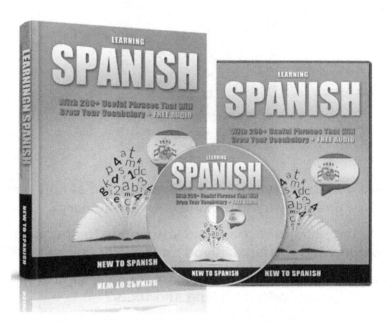

We've made this video course free, with you as learner in mind.

You will learn how to say and pronounce over 200 useful phrases in Spanish.

Get it while it's available at

www.LingoMastery.com/freespanish

MORE FROM LINGO MASTERY

Have you been trying to learn Spanish and simply can't find the way to expand your vocabulary?

Do your teachers recommend you boring textbooks and complicated stories that you don't really understand?

Are you looking for a way to learn the language quicker without taking shortcuts?

If you answered *"Yes!"* to at least one of those previous questions, then this book is for you! We've compiled the **2000 Most Common Words in Spanish,** a list of terms that will expand your vocabulary to levels previously unseen.

Did you know that — according to an important study — learning the top two thousand (2000) most frequently used words will enable you to understand up to **84%** of all non-fiction and **86.1%** of fiction literature and **92.7%** of oral speech? Those are *amazing* stats, and this book will take you even further than those numbers!

In this book:

- A detailed introduction with tips and tricks on how to improve your learning
- A list of **2000** of the most common words in Spanish and their translations
- An example sentence for each word – in both Spanish *and* English
- Finally, a conclusion to make sure you've learned and supply you with a final list of tips

Don't look any further, we've got what you need right here!

In fact, we're ready to turn you into a Spanish speaker...

...are you ready to get involved in becoming one?

Do you know what the hardest thing for a Spanish learner is?

Finding *PROPER* reading material that they can handle…which is precisely the reason we've written this book!

Teachers love giving out tough, expert-level literature to their students, books that present many new problems to the reader and force them to search for words in a dictionary every five minutes — it's not entertaining, useful or motivating for the student at all, and many soon give up on learning at all!

In this book we have compiled 20 easy-to-read, compelling and fun stories that will allow you to expand your vocabulary and give you the tools to improve your grasp of the wonderful Spanish tongue.

How **Spanish Short Stories for Beginners** works:

- Each story will involve an important lesson of the tools in the Spanish language (Verbs, Adjectives, Past Tense, Giving Directions, and more), involving an interesting and entertaining story with realistic dialogues and day-to-day situations.

- The summaries follow: a synopsis in Spanish and in

English of what you just read, both to review the lesson and for you to see if you understood what the tale was about.

- At the end of those summaries, you'll be provided with a list of the most relevant vocabulary involved in the lesson, as well as slang and sayings that you may not have understood at first glance!

- Finally, you'll be provided with a set of tricky questions in Spanish, providing you with the chance to prove that you learned something in the story. Don't worry if you don't know the answer to any — we will provide them immediately after, but no cheating!

We want you to feel comfortable while learning the tongue; after all, no language should be a barrier for you to travel around the world and expand your social circles!

So look no further! Pick up your copy of **Spanish Short Stories for Beginners** and start learning Spanish *right now*!

CONCLUSION

What a ride, huh? One hundred and five conversations in Spanish, written for your learning and improvement of your grasp of the language! We hope that they've served to help give you a better understanding of conversational Spanish and to provide you with a massive amount of learning material that most professors *won't* be providing you anytime soon!

We have one last round of tips for you, reader, now that you're done with the book and may suddenly be wondering what comes next:

1. **Study!** Nobody learns a new language overnight, and just skimming through this book once won't be enough for you to acquire the tools you've looked for. Re-read it, understand it and finally dominate it, and only then will you be truly learning.

2. **Rehearse!** Find a partner and rehearse or recreate the conversations that you see here. It'll work for your pronunciation and shake that shyness you may have!

3. **Create!** Take these conversations and make your own for other situations! There's always something you can produce on your own, and it'll help you improve your grasp of the tongue!

4. **Don't give up!** Giving up is for losers. Keep working and make your effort worth it. Results will come, trust us!

So there we have it, readers, we've finally reached the end. We hope you enjoyed the book and continue to come back for more. We're certainly working hard to produce more books for you to improve your Spanish.

Keep an eye out for more books like this one; we're not done teaching you Spanish! Head over to www.LingoMastery.com and read our free articles, sign up for our newsletter and check out our Youtube channel. We give away so much free stuff that will accelerate your Spanish learning and you don't want to miss that!

If you liked the book, we would really appreciate a little review wherever you bought it.

Good luck and don't quit! Success is always just a few steps away!

Thanks for reading!

Made in the USA
Monee, IL
23 November 2019

17293630R00154